应用语言学理论视阈下
高校英语教学实践研究

郭慧莹　著

北　京
冶 金 工 业 出 版 社
2020

内 容 简 介

本书从应用语言学角度出发，对当代高校英语教学进行了重新审视与探究。本书在阐述应用语言学的研究重要性、性质、发展历程、理论及核心领域等问题的基础上，探讨了应用语言学与语言教学有机融合的意义。本书的重点内容是应用语言学视域下高校英语的基础知识、基本技能以及文化导入的教学。

本书有较高的学习和借鉴价值，无论是教师、学生，还是专门致力于应用语言学与英语教学研究的专业人士，都能从中受益。

图书在版编目(CIP)数据

应用语言学理论视阈下高校英语教学实践研究/郭慧莹著.
—北京：冶金工业出版社，2020.1
ISBN 978-7-5024-8426-2

Ⅰ.①应… Ⅱ.①郭… Ⅲ.①英语—教学研究—高等学校
Ⅳ.①H319.3

中国版本图书馆 CIP 数据核字(2020)第 025615 号

出 版 人 陈玉千
地　　址 北京市东城区嵩祝院北巷 39 号 邮编 100009 电话 (010)64027926
网　　址 www.cnmip.com.cn 电子信箱 yjcbs@cnmip.com.cn
责任编辑 杜婷婷 美术编辑 郑小利 版式设计 禹 蕊
责任校对 郭惠兰 责任印制 李玉山
ISBN 978-7-5024-8426-2
冶金工业出版社出版发行；各地新华书店经销；三河市双峰印刷装订有限公司印刷
2020 年 1 月第 1 版，2020 年 1 月第 1 次印刷
169mm×239mm；10.75 印张；207 千字；161 页
55.00 元
冶金工业出版社 投稿电话 (010)64027932 投稿信箱 tougao@cnmip.com.cn
冶金工业出版社营销中心 电话 (010)64044283 传真 (010)64027893
冶金工业出版社天猫旗舰店 yjgycbs.tmall.com
(本书如有印装质量问题，本社营销中心负责退换)

前　言

应用语言学是语言学的一个分支，是运用语言学的知识来解决其他科学领域与语言相关的问题的学科。它主要关注以下三个层面的研究：从学习者的层面来讲，主要研究学习者的学习特征、学习规律及个性差异；从实践的层面来讲，主要研究教学过程中所采用的方法；从方法论的层面来讲，主要研究教学方法及教学手段。近年来，应用语言学研究将教学实践活动与其他学科有机结合在一起，显示出多元化、多层次研究的趋势，为各学科发展提供了新的研究方向。高校作为学校教育的最终环节，其所开展的英语教学活动会对学生的英语知识综合素养产生直接的影响。因而，我国各大高校尤为重视对英语教学实践活动的方方面面进行完善。鉴于此，我们编写了本书，以期引起学界对高校英语教学实践的关注。

本书共分为七章。其中，第1章为绪论，主要概述了应用语言学，论述了应用语言学与高校英语教学。第2章为高校英语教学模式与课程建设，主要从陈述式教学模式在非英语专业教学中的实践、基于听说能力培养的选修课课程建设、英语幽默情景剧应用于英语使用写作教学、基于社会建构主义的高级英语交互教学模式四个方面展开论述。第3章为高校英语学习策略，主要从思维导图辅助学生英语学习的策略与学生认知、元认知策略调查分析两个方面展开论述。第4章为高校英语听力教学，主要从语言迁移与听力理解、图式理论与高校英语听力课、高校英语以听促写研究、多维模式的形成性评估促进高校英语听力教学四个方面展开论述。第 5 章为高校英语口语教学与网络测试，主要从提高口语应用能力教学模式改革的实验、英语口语话语标记语使用特点、高校英语四级网考对学生英语学习反拨效应的影响、测试与训练系统在高校英语四级网考培训中的应用、基于高校英语四级网考与笔考的对比研究、高校英语四级网考学生适应性与焦虑情况六个方面展开论述。第 6 章为语料库方法在高校英语写作中的应用，主要从语料库检索工具在英语写作教学中的应用、语料库辅助词块教学在英语写作教学中的应用、高校基础阶段学习者强化语使用特点三个方面展开论述。第 7 章为 ESP/EAP 教学，主要从 ESP 与高校英语教学发展方向、基于 ESP 英语的教学模式改进研究、ESP 与英语通识教育课程设置、国际 ESP 教学对我国高校英语教育改革的启示、CBI 理论框架下的分科英语五个方面展开论述。总体来讲，本书的题材相对较为新颖，结构严谨，内容涵盖面较广，语言精练，为高校英语教学实践提供了新的研究视角及研究方向，具有一定的学术价值。

需要说明的是，本书在具体编写的过程中，参考和借鉴了诸多高校英语教学实践相关的书籍与资料，在此对相关作者表示感谢。

由于作者水平所限，书中不妥之处，恳请读者批评指正。

作　者

2019 年 9 月

目　录

1 绪　　论

1.1 应用语言学概述

1.1.1 应用语言学的产生和发展

19 世纪下半叶，波兰的语言学家库尔特内（J. Baudouin de Courtenay）最早提出了应用语言学这个概念，但当时并未引起社会大众的关注。20 世纪 40 年代，应用语言学这个专业术语率先在美国语言学界出现，并迅速发展成为一门相对独立的学科。密歇根大学早在 1946 年就开设了应用语言学课程。该大学的英语学院在推动这一学科的发展方面，起到了开路先锋的作用。美国著名应用语言学家弗赖斯（Charles C. Fries）和拉多（Robert Lado）都曾在该学院从事过英语作为外语的教学研究。该学院还于 1948 年创办了世界上第一个应用语言学刊物，即 *Language Learning-Journal of Applied Linguistics*。自那以后，尤其到了 20 世纪 50 年代和 60 年代，应用语言学便在美国和西欧各国逐步发展起来了。国际应用语言学协会（Association Internationale de Linguistique Appliquée，AILA）于 1964 年在法国南锡（Nancy）成立，会刊为 AILA Bulletin（1970 年开始出版）。第二届国际应用语言学大会（The Second International Congress of Applied Linguistics）于 1969 年 9 月在英国伦敦召开；此后，每隔三年在世界范围内的不同城市举行。

应用语言学这门学科产生主要是由以下两个方面的原因决定的。

一方面这是语言学理论发展到一定阶段的需求。在 19 世纪，历史语言学（historical linguistics）和比较语言学（comparative linguistics）是语言学的两个主要分支，它们分别研究语言的历史变迁和同源语言之间的相互关系。到了 20 世纪 20~30 年代，语言学的研究方向和研究方法发生了很大变化。诸多语言学派，如布拉格学派（the Prague School）、日内瓦学派（the Geneva School）、语符学学派（the Glossematic School）和伦敦学派（the London School），都在不同程度上接受了瑞士著名语言学家索绪尔（Ferdinand de Saussure）的结构主义语言学观点。索绪尔把语言看作是一种结构（language as a structure）和一种社会现象（language as a social phenomenon），他的这种观点正是那些从事语言学应用研究的学者们所感兴趣的。我们可以认为，索绪尔提出的结构主义语言学是应用语言学产生的一个理论基础。

另一方面这是英语实践教学发展的需求。20 世纪 40 年代左右，出于某种特殊需求，美国需要大量派兵出国作战或在国外驻军，因此学习所在国的语言便成了美国军队的一项紧迫任务。当时美国政府制定了一项名叫 ASTP（Army Specialized Training Program）的特殊语言训练计划，要求在最短时间内，培养学员的外语会话能力。美国一些语言学工作者参与了这项培训计划的制定和实施，并根据语言学理论和实际教学情况，创造了一些新的教学方法，如“语料供应人面授法”（Informant Method）和“口语法”（Oral Approach）等，收到了很好的教学效果。这种理论与实践相联系的做法引起了美国语言学界的广泛注意，应用语言学在这种情况下诞生。由此可见，英语教学的需求是应用语言学产生的实践基础。

我国在应用语言学方面的研究起步较晚，大体始于 20 世纪 70 年代末期至 80 年代初期。1980 年 6 月，“第一届应用语言学与英语教学讨论会”在广州外语学院召开，部分外语界知名专家出席了会议；同年 10 月，教育部委托广州外语学院举办了国内首届“应用语言学培训班”。但从总体上看，当时应用语言学这一学科在我国还没有得到充分的发展，或者说发展得比较缓慢。为什么会出现这种状况？我们认为，其中一个重要原因是在我国外语教育界，尤其是在大学英语（以前称之为“普通英语”或“公共英语”）这一教学领域，在过去较长一段时间内，存在着轻视理论和缺乏理论的现象。不少人认为，英语教学主要靠语言水平和教学经验，懂不懂理论（如语言学、心理语言学、社会语言学、教育心理学等）无关紧要。除此之外，大多数外语教师缺乏理论背景，加之日常教学任务繁重，无暇顾及理论学习，因此不可能用语言学和相关学科的理论来指导或促进外语教学。加之，国内召开的英语教学研讨会通常偏重于探究英语教材的编撰及使用，极少从应用语言学的角度来探究英语教学中存在的各类问题。这种欠缺理论、轻视理论的不良现象，在一定程度上制约了应用语言学在我国英语教学领域的发展。

20 世纪 90 年代中期以后，这种状况得到了一定的改善。“外国语言学及应用语言学”硕士点和博士点在广州、上海等有关高校相继建立，为我国培养了一批具有“语言学及应用语言学”专长的硕士或博士，他们中的相当一部分人已经加入了高校的外语师资队伍，这在一定程度上提高了外语师资的理论水平。除此之外，原国家教委于 1995 年批准了全国若干高校举办“以毕业研究生同等学力申请硕士学位教师进修班”，其中有的学校（如复旦大学）就是从“外国语言学及应用语言学”专业招收进修班学员。通过这种方式，参加进修班学习的高校英语教学提升了自身的语言学和应用语言学理论水平，为未来开展教学研究工作奠定了坚实的基础。在此还值得一提的是，上海外语教育出版社在介绍和推广语言学及应用语言学理论方面做了大量有益的工作，出版发行了全套《牛津应用语言学丛书》，满足了广大外语教师渴望学习应用语言学理论的需要。由此可见，应用语言学这个新兴的学科在我国教育学界蓬勃发展起来，逐渐成为我国高校英语教学深入发展的主要方向。

21 世纪，应用语言学的发展表现出以下 3 种趋势。

（1）社会语言学与文学语言学发展迅速。应用语言学的发展凸显了其社会性与实践性，扩大了其对社会实践活动的积极影响力。应用语言学涵盖了语言交际等众多方面，强化了应用语言学的实践意义，提高了应用语言学的社会化与生活化，应用语言学相关的文学书籍也相继问世，在拓宽人们学习应用语言学知识途径的同时，也成为增强了应用语言学持续发展的内动力，提高了社会语言学与文学语言学在应用语言学中的地位，让其成为应用语言学的核心。

（2）提高了语言规划模式的独立性。人工干预加快了独立语言规划模式建设的速度，提高了人们对语言规划模式的认同。语言规划模式也就是管理语言的选择与改革相关内容，重视语言规划，提高语言发展方向的正确性与科学性，避免因语言发展方向错误而造成各种语言资源的浪费。另外，语言规划还需要调整语言相关的政策制度，促进语言政策标准的推广与落实，最终实现与应用语言学紧密相关的学科的共同发展。

（3）纠正了语言规范工作的错误思想。经济社会的蓬勃发展加剧了应用语言学运用环境的复杂化与多变化，促使人们提高了对语言规范工作的重视度。提高语言规范的标准化既是经济社会发展的基本诉求，也是提高人们沟通交际能力的主要措施。许多人在深入了解语言规范核心内容的基础上就开始抵触或者反对语言规范，甚至将语言规范与语言个性化发展完全对立起来。相关部门通过改革创新应用语言宣传模式与宣传内容等方式来提高其宣传效果，促使人们真正地了解语言规范的初衷与目的，引导人们认识到规范语言对促进语言个性化与多元化发展的重要意义，进而认同并推动语言规范工作的开展。

1.1.2 应用语言学的定义

应用语言学是一门新兴的学科，国内外语言学界对其定义始终存在较大的争议，至今尚未形成完全统一的观点。

英国的语言学家科德（S. Pit Corder）对应用语言学进行了界定，他指出：“Applied linguistics is the utilization of the knowledge about the nature of language achieved by linguistic research for the improvement of efficiency of some practical task in which language is a central component.”（应用语言学是利用语言学研究获得的关于语言性质的知识，以提高某些以语言为中心的实际任务的效率。）科德的定义强调了应用语言学“应用性”，这无疑是正确的。但他却忽视了应用语言学的“多科性”（the interdisciplinary nature of applied linguistics）和“理论性”（the theoretical aspect of applied linguistics)。因而，有相当一部分学者认为这个定义是片面的，有待改进。

我国部分语言学家指出："应用语言学一般有广狭两义。广义的应用语言学泛指把语言学知识应用于其他科学领域，狭义的应用语言学专指语言教学，特别是第二语言教学和外语教学。"这种把应用语言学分为广狭两义的观点，与国外语言界的观点基本一致，也符合这一学科的实际情况。但同样不足的是，这种观点也没有提及这一学科的"多科性"和"理论性"。除此之外，"狭义的应用语言学专指语言教学"这种说法有可能引起误解，好像应用语言学和语言教学是一回事，其实不然。正如科德所指出的，"Whilst applied linguistics and language teaching may be closely associated, they are not one and the same activity."(虽然应用语言学和语言教学可能有着密切的联系，但它们并不是同一个活动。) 如果将应用语言学与语言教学等同起来，那岂不是等于认为所有的英语实践课程均属于应用语言学课程？这显然是与实际情况不相吻合的。

我们认为狭义的应用语言学是一门研究外语教学（包括教和学两个方面）规律的学科，它的理论基础是语言学以及心理学、社会学和教育学等相关学科，其研究目的是提高外语教学的效率，其研究成果将有助于人们对语言本质的认识。这里需要指出的是，以下我们所论述的应用语言学实际上指的是狭义上的应用语言学。

1.1.3 应用语言学的研究领域

从实践需求的角度来看，应用语言学的研究领域大体包括两大类：一类是一般应用语言学；另一类是机器应用语言学。

1.1.3.1 一般应用语言学

一般应用语言学按照应用领域可以细分成以下几个方面：

(1) 语言教学。这是传统意义上的应用语言学。编辑高质量的教材和参考书，研究切合实际的教学方法，一直是语言教学研究中的重大课题。除了一般的语言教学之外，还有为不同对象、不同目的而服务的其他语言教学，如第二语言教学、科技外语教学、双语制教学、聋哑盲教学。

(2) 标准语的构建及规范化，文字的创造及改革。构建在各个方言区均通用的标准语是极为重要的。应用语言学要解决的问题是如何选好这种标准语的基础方言和标准音。为无文字的语言创制文字时，基础方言和标准音更是重要的依据。文字改革包括文字系统（字母表、正词法和标点符号）的部分改进和彻底更换。标准语的建立只是语言规范化的开始。为了确定词汇、语法、语音的使用规范，需要编纂出正音词典、规范语法和各种类型的词典。

(3) 辞书编纂。词汇是语言中变化最快的部分，新词新义不断涌现。及时、准确地把这些新词新义固定在词典中，指导人们进行运用，这是辞书对语言规范化最有效的影响。

(4) 翻译。翻译是在两种语言之间进行的综合性创造活动。要处理好意义的传达和形式的转换，有很多问题要探讨。

除了上述的研究课题之外，一般应用语言学还涉及建立国际辅助语、言语矫正、制定速记系统、舞台语言研究。

1.1.3.2 机器应用语言学

机器应用语言学主要致力于探究通过何种方式利用计算机等先进的工具来处理自然语言。这方面的研究主要包含以下几个课题。

(1) 实验语音学。运用电子计算机以后，语音实验从音素音节分析扩展到成句成章分析，同时超音段特征成了重要研究对象。除了语音分析，人们还有语音合成的工作要做。

(2) 机器翻译。机器翻译是计算机与语言之间的早期结合形式。其开辟了计算机非数值应用的领域，同时又为许多语言学理论和方法及许多技术成果提供了一个广阔的试验场。不过就已有的成就来看，机译系统的译文质量与终极目标仍相差甚远；而机译质量是机译系统成败的关键。我国部分语言学家曾指出："要提高机译的质量，首先要解决的是语言本身问题而不是程序设计问题；单靠若干程序来做机译系统，肯定是无法提高机译质量的。"另外，在人类尚未明了人脑是如何进行语言的模糊识别和逻辑判断的情况下，机译要想达到"信、达、雅"的程度是不可能的。这些因素均会对机器翻译的质量造成深刻的影响，也是机器翻译的质量提升所面临的重要问题。

(3) 信息检索。信息检索中最主要的一个环节便是建立信息检索语言。这种语言应能准确表达文献主题和提问主题所需的词汇语法，不应产生歧义，并且便于用程序运算方式进行检索。

(4) 汉字信息处理。汉字的字形繁复，字数庞杂，同时普遍存在一字多音、一音多字的现象，这为编码输入带来了较大的阻碍。为了使编码简单易学、操作方便、输入迅速，我们需要对汉字进行多方面的研究。

机器应用语言学除了以上这些课题外，还有自然语言理解、言语统计和少数民族语文的信息处理等。

1.1.4 应用语言学的基本理论

实践证实，理论是一门学科成立的一个必备条件，没有理论的学科难以长久发展，应用语言学自然也不例外。但并不是所有人对此观点都持赞同态度。过去，国内外不少学者认为应用语言学本身没有理论，只是语言学理论的应用。现在看来，他们的观点的确有失偏颇。应用语言学作为一门独立的学科，其最大的特点是应用，但它本身也有自己的理论与方法。语言应用本身就有理论问题，例如翻译也是创造，也有自己的方法理论；一些语言学家在编写应用语言学系列教材的过程中也要用理论来充实语言学。所以，我们应该清醒地认识到，应用语言学不仅有理论，而且还有很多关于理论的研究成果。尽管应用语言学的理论研究取得了巨大进步，但相对于其他学科来说，其理论知识仍欠成熟，需要当前的研究者继续系统地整理这一学科科学性的探索方向，并丰富其理论框架。否则，相关学科知识的欠缺将会对未来应用语言学的深层研究产生不利影响。总体而言，应用语言学的基本理论主要包含以下几个方面。

1.1.4.1　交际理论

交际理论是应用语言学最主要、最基本的一个理论，也是本体语言学的基本理论。本体语言学在交际方面进一步的研究，不仅自身会有很大发展，而且也会进一步发展、丰富交际理论。交际理论是本体语言学和应用语言学高层次结合的纽带，是本体语言学理论和应用语言学理论相互促进的纽带。语言是人类最主要的一种交际工具，这是从语言的本质功能角度出发得出的结论。

语言存在于交际之中，语言因人们的交际而出现、存在及发展，交际之外无语言。交际是语言发展变化的动力和目的。语言生活的健康、丰富、活泼，是语言工作、语言研究、语言教学的目的和检验的标准。在交际面前，任何语言学流派、任何语言学家适者生存，概莫能外。我们为了进行语言交际而开始深入研究语言。由于语言包含各种各样的现象，我们要研究的就是现象与条件之间的关系，而交际便是决定语言现象的根本条件。

语言交际能力是人类最基本的一种语言能力。语言交际能力是指说话人在社会交往的各种环境中运用语言的能力，也就是针对不同环境恰当得体地运用语言变体的能力。语言交际能力的测试应该逐渐在一定现实的交际情况下进行。语言交际是多层次交叉的，所以要在多样、鲜活的语言交际中实践语言交际能力。语言学习还要有一定的量和质。一定的量，可以内化，可以生巧。一定的质，可以提高层次。

除此之外，我们也应该认识到重视创新是对待语言的一个基本态度，也是语言研究方法、方法论的重要基础。例如，要重视学习人民群众的语言。要重视匡谬正俗的消极规范，但更重要的是要及时发现和介绍新的好的语言现象的积极规范。迄今为止，我国语言方面的教材、著作、文件、规定并不多，在鼓励和帮助人们发挥语言创新能力方面的研究也并不很充裕。在语言学很多方面的研究落后于其他相关学科，也落后于与社会生活相关的认识，这方面有待改进。

1.1.4.2 层次理论

层次理论是应用语言学的一个重要理论。层次理论指的是语言是分层次的，其主张语言的运动有不同的时空，其在不同的时空表现为不同的方式。人按照层次进行划分，这决定了交际分层次，也决定了语言分层次。语言的层次同交际的层次、人的层次紧密相连。具体来讲，不同层次的语言对不同的人有不同的要求；不同层次的人使用语言的情况不同；不同层次人的主体语言在客体语言里处于不同的层次，所以一个人的语言是这个人的第二形象；语言比人的体魄及仪表更内在、更真实、更具有社会影响力，所以语言能力是一个人的“第一形象能力”；语言示范者的语言往往代表一个地区、一个民族、一个国家的第二形象；语言能够反映个体的独特的职业、修养、能力、性格等。

语言由比较稳定的内核和比较活跃的外层以及中介物构成，共同为交际服务，其中比较活跃的外层包括新词新语、广告语言等，比较稳定的内核包括语音系统、基本词汇、基本语法等。比较活跃的外层是比较稳定的内核的来源，现在比较稳定的部分当初都是活跃过的。语言的发展变化首先表现在比较活跃的外层，这些比较活跃的外层转化为比较稳定的内核，并不完全是优胜劣汰的过程。比较活跃的外层和比较稳定的内核，总的说来是互补的关系，而不是对立的关系。某些词语使用时间的长短，通常与其概念等存在时间长短存在较大关系。如果某些词语在一定时间被人们广泛使用，跟这些词语一个时期同影响比较大的群体共振有关系；这些词语占据一定位置之后，其他近义词或同义词便难以再占位。

语言的层次理论同时也是语言研究方法及方法论的层次认识的前提条件。语言研究方法具有层次性，语言研究的基本方法是比较方法，其他的方法都是由比较方法衍生出来的。除此之外，语言研究的方法还具有灵活性、多样性。语言研究应该考虑到纵横交错，打破时间及空间的限制。

1.1.4.3 动态理论

动态理论是应用语言学的一个基本理论。运动是绝对的，运动速度相对比较慢的称为稳态，运动速度相对比较快的称为动态；或者说稳态是动态里的一种状态。科学理论说明，世界是运动的，运动是绝对的。人是运动的，语言是不断变化的，交际更离不开运动，存在于交际活动中的语言自然也是动态发展的。由此可见，动态性是语言的本质属性。语言是以动态的方式存在于人们的交际中；语言的动态是语言的主导方面，静态只是运动速度相对平衡的一种存在形式，是为了研究需要而假设的状态。语言局部的发展变化会引起语言内部有关部分的发展变化，它使得有关部分协调，这就是语言的自我调节。语言运动的方式是脉动，语言的运动有急流和缓流，认识这些规律，有助于能动地促进语言习得。

动态理论渗透在语言学的各个方面，其价值也通过语言学理论及实践体现出来。

（1）语言是变化的，使用者学习语言不能一次完成，不进则退；

（2）语言是动态的，语言不发展是最大的不规范；

（3）语言交际能力是语言运用的能力，语言交际能力测试应该在语言交际实际中进行；

（4）语言使用与否，使用是否规范，不是看过去有没有这样用，而是重在看是否符合现实规范，即重现在时，不重过去时；

（5）语言的中介现象是运动的；

（6）语言的色彩及情感始终处于变化中，因而语言的情感色彩是一个动态系统。

应用语言学要解决语言应用过程中出现的实际问题，从实践到理论是动态的，从理论到实践也是动态的；对语言的认识，不仅是实践性活动，也是一种理论性活动。从这个意义上讲，语言研究要动稳结合。语言的动态性不反对语言的稳态研究。事物纯粹的动态研究或稳态研究都是不存在的。语言需要稳态研究也需要动态研究。促进语言自我调节，以适应人们交际、思维和认知等发展的需要，它重在两个方面的工作：一是不断创造新的语言要素；二是保持语言相对平稳状态，使得整个语言体系不被破坏。这是语言学研究的基本事实。

1.1.4.4　中介理论

中介理论也是应用语言学的一个基本理论。运动的连续性决定了所有事物均具有一部分与周边事物或者前后事物相同的属性。事物是矛盾的统一体，不都是“非此即彼”，往往是“亦此亦彼”。对立通过中介转化。语言跟其他现象一样，存在着中介状态。语言政策不能只是对语言现象做对与不对、是与不是的两端判断，有许多问题需要中介理论来做解释和分析，给予合情合理的回答。语言的中介状态，典型的就是地方普通话。对说地方普通话的人，不仅要鼓励，而且还应该对其中的一部分人提出比较高的要求。中介语常常是学习语言的正常现象，学习语言的过程必然是有许多不到位也就是不规范、不纯洁的语言现象的过程，人们在这个过程中就要交际，要把这种过渡状态跟语病区分开来。近几年，我们对语言文字不搞纯而又纯有了进一步的思考：语言是为所有的人服务的，人是分层次的，而且是不纯的，人不纯谈什么语言纯。语言是发展变化的，发展变化了，人又要学习，这个学习又要有一个过程。还有，由谁来纯洁语言呢？不规范的语言现象也是不断新生的，不纯洁是语言正常运动的一种正常表现。我们是在不纯的状况下提倡规范性，这种规范是为了更好地进行有效交际，既不是为了阻碍交际，更不是为了纯洁语言。语言规范实际上不是规范语言本身，是规范人的语言使用。运动是没有开始也没有结束的，一切都处在中介状态，所以所有的语言都是“中介语”。语言研究的就是语言运动中的个性和共性。目前，我国一部分学者对语言现象的延伸及交叉进行了深入研究，此类研究具有一定的前瞻性。

1.1.4.5 人文性理论

语言的人文性具体指的是语言在发展、变化、应用的过程中所呈现出来的文化特质。不要忽略语言的人文性，不要把语言的人文性和语言的阶级性联系起来，也不能把语言的人文性理论凌驾于交际理论之上。语言人文性主要表现在以下三个方面。

（1）文化会对语言产生较大的影响。语言在文化中的反映，主要是指通过文化背景或文化现象表现出语言的一些特点和变化规律。语言可以是文化的直接产物，如五四新文化运动，带来白话文时代。语言也可以作为文化内部的有机组成部分，与其他因素一起，共同促成历史上的文化分化、整合及变化，如新文学运动及文学革命中的新的文学语言，开创了中国现代文学时代。

（2）语言反映文化。语言是文化的载体，文化总是不断地给语言施加影响并不时地留下痕迹，因此我们通过语言的发展历程可以看到文化的变化轨迹。

（3）文化和语言之间存在互动关系。语言和文化对二者相互作用的反映，虽然在现象和表现形式上有差异，但也有相同或相近的本质或规律。从这个层面上看，语言的人文性大体有狭义及广义之分。其中，狭义的人文性是文化和语言两个因素共同作用的结果；广义的人文性则指语言、文化、社会、宗教、政治等多种因素共同的作用及其结果。

1.1.4.6 潜显理论

潜显理论也是应用语言学的一个重要理论。20 世纪 80 年代末至 90 年代初，我国语言学者就语言发展的基本形式进行研究，提出了潜显理论这个语言概念。潜显理论认为语言世界可以分为显性语言世界和潜性语言世界两大部分。显性语言是到目前为止人们在使用的部分；潜性语言指按照语言规则所形成的语言形式的总和，但是还没有被开发和利用。

潜显理论极为关注语言的动态本质。显性语言潜性化，潜性语言显性化，是语言发展的基本形式；潜性语言的大量存在，使语言具备自我调节能力。潜显理论对语言的动态与稳态的关系作了值得人们重视的揭示。潜显理论认为语言的运动和时空是连续的，事物不是同时空同样显现的，显与不显是相对的、有条件的。加上色彩的潜显，可以说语言始终处在潜和显的过程中，语言研究的就是语言的潜和显及其相关条件。语言的潜显理论是对待语言规范的“前瞻跟踪观”的基础。

总而言之，应用语言学的几个基本理论是互通有无、相辅相成的，这几个方面仅仅是从不同的角度出发来认识语言而已。例如，部分研究者认为语言的交际造成了语言的运动，层次是说语言运动的一种方式和结果，中介是说语言运动和层次之间的某种关系，潜显是阐说语言的运动同运动具有一定的因果关系，人文性是联系社会历史来说语言的运动。谈这几个基本理论，还跟针对性有关。人们对某个基本理论的认识大体上不成问题了，或许也就不怎么谈某个基本理论。有鉴于此，我们应该从大的方面来认识应用语言学的基本理论。例如占位、某个强大的群体某个时期同某种语言现象的强大的共振，都是一种力量，这些本身就是理性原则而不是习性原则。应用语言学的基本理论应该达到哲学的层面，语言学很像哲学，所以语言学很长时期同哲学分不开。我们不赞成的是将语言学作为哲学的附庸，但并不反对语言学同哲学的结合。我们主张语言学同哲学的关系是结合而不混合，独立而不分裂。除此之外，我们还要注意应用语言学基本理论的操作层面，在操作层面要有实绩，还要研究应用语言学的基本理论如何发挥作用的有关问题。例如，限制应用语言学基本理论发挥作用或者限制语言观调整的因素大体包括五个方面：第一，人云亦云；第二，受到传统教育方式的影响；第三，对语言本质认识的片面；第四，由于调整存在困难便维持现状的错误观点；第五，脱离语言实际，认识出现偏差。

1.1.5　应用语言学的发展趋向

应用语言学的主要目标之一是探究英语教学的基本规律，即英语教学的理论、原则及方法。而英语教学主要涉及三个方面的问题：

（1）对语言本身的认识，如语言的本质及共同特征；

（2）如何教语言，包括教学大纲的制定，教学内容的选择，教材的编写，教学法的研究和教学效果的考核等；

（3）如何学语言，包括学习语言的心理过程、学习者的需求以及学习者的个性特征与学习效果之间的关系等。

在 20 世纪 50~60 年代之前，应用语言学的研究课题主要集中在前两个问题上。从 20 世纪 60 年代末和 70 年代初开始，语言学家们的注意力逐渐转移到语言学习过程和学习者个性特征上。也就是说，研究对象从客体逐渐过渡到主体，客体就是语言本身、教材、教法等，主体就是学习者。此种研究重心的转移仍旧是当前应用语言学的一种发展趋势，也为语言学家在应用语言学领域中寻求新的突破口、新的发现提供了新的佐证。通过对主客体的研究，研究者逐步寻求提升语言学习质量及语言习得效率的方法，逐渐认清了语言的本质特征，为未来的语言教学提供了方向。

回顾我国应用语言学三十年来的发展历程，不难看出，应用语言学是一门直接为社会发展服务的学科，它在研究、解决语言应用的实际问题，正确引导我国语言生活方面做出了极大的贡献。但我们也必须清楚地看到，从自身发展的角度来看，我国的应用语言学仍旧处于探求的阶段，大量问题仍旧处于探索研究的阶段；从国际角度来看，我国应用语言学和世界应用语言学之间仍旧存在较大的差距，研究者面临着各式各样的挑战，任重而道远。

当前，应用语言学相关专家所关注的研究课题主要涉及以下两个方面：一是语言学习的心理过程，即学习者的认知体系在外语学习中所起的作用；二是语言学习者存在哪些个性差异，或者说，优秀语言学习者具备哪些个性特征。研究者所关心的个人因素主要包括智力（general intelligence）、语言学能（language aptitude）、人格特征（personality traits）、认知方式（cognitive model）、学习策略（strategies）、学习动机（motivation）、学习兴趣（interest）和学习环境（environment）等。当然，我们在开展对学习者这个主体进行研究的同时，还可以持续对语言、教材、教学法等客体进行研究，因为二者是相辅相成、互相关联的。21世纪既是一个学科整合的时代，也是一个学科分化的时代。面对新世纪语言学的发展，我们提倡用“格物致知”的哲学思想来研究；要紧跟时代发展的步伐，将语言学和相关学科有机结合在一起，进行综合性研究，在创新的过程中实践，在实践的过程中提升，真切把握住发展时机，以朝气蓬勃的姿态迎接未来的各种挑战。

1.2 应用语言学与高校英语教学

当前，应用语言学已经成为语言学的一个重要组成部分。应用语言学是运用语言学的理论知识来解决具体的实际问题。学习语言的最终目标是运用语言维持人际关系，提高自身的交际能力，但语言的基础性知识并不是交际能力好坏的决定性评判依据，交际能力的好坏更依赖于人们对语言技巧使用的熟练度。换言之，语言知识是语言学的基础，技巧是语言学的媒介，而学习语言的最终目标是提高自身的交际能力。所以，学生在掌握一定语言学知识的同时还应当加强语言使用能力的培训力度，主要强调听、说、读、写等方面的技能训练。尽管英语教学在国内的覆盖范围已经很大，但从目前的教学情况上来看，大部分学生的英语水平都不高，基本都属于“哑巴英语”。而应用语言学在英语教学中的有效应用，能够在很大程度上改变这种不良的学习现状，调动学生学习英语的积极性及主动性，提升他们的自主学习能力，最终助推高校英语教学的顺利开展。

1.2.1 应用语言学对高校英语教学的作用

1.2.1.1 明晰高校英语教学方法

不管是何种教育层次，学生始终是课堂教学的主体，高校英语教学也不例外。在高校英语教学中，如果能从学生的视角出发来明确相应的英语教学方式和方法，那么在实际的教学过程中就能起到事半功倍的作用。英语教学中的语言学应用方法比较独特，就是确定口语和书面语两者之间的比例。从我国目前的英语教学内容来看，英语教学主要分基础和加强两部分，基础是指听说读写，加强是指英语翻译。其中听说读写之间为协调关系，是互相扶持的，但同时又有自身的特色和难点，需要不同的教学手段和教学方式来实施教学。在进行英语课程设置时，一定要明确教学的最终目的和根本任务，再按照一定比例安排课时。譬如，由于实时翻译和文学翻译在培养目标方面存在一定的差异，因而二者在课时设置的要求上也应该有所不同。

所有英语学习者均渴望具有较高的英语交流能力及语法应用能力。应用语言学的重要原则之一就是以学生的具体目标为基础，制定切实可行教学方案。如果学生对基础性知识了解得不多，就应当强化其口语的教育力度，使学生积极主动地开口练习英语。除此之外，提高应用语言学的教学效果还可以通过广播、杂志等媒介形式，激发学生的语言学习兴趣，鼓励学生主动参加到英语实践活动中去，活跃英语学习氛围，进一步提高学生英语口语表达能力和技巧应用能力。换言之，高校在英语教学方面应该从学生的角度出发，明晰教学方式及教学方法，继而增强高校英语教学灵活性。

1.2.1.2 明晰高校英语教学内容的短板

通过比对西方国家和我国的应用语言学教育，我们可以发现我国高校英语在应用语言学的运用方面存在两个方面的问题。

（1）我国高校英语教学过度强调语法的运用方式，忽视了语言在情感方面的表达。教师在进行英语授课时，过于注重学生对语法、发音、理解和整理语句的能力，忽视了对学生英语情感表现力的教育。英语教师在对课文进行分析和讲解时，对语法使用和句子结构组成进行的分析几乎占用了大部分的授课时间，这在很大程度上减弱了教学效果，使学生忽略了英语运用的实际环境，只注重语法使用的正确性以及意思表达的完整性。

（2）教师在英语授课或者学生练习的过程中如果发现有问题，通常会立刻指出或者纠正，并不会对学生存在的错误进行深入的观察和解析。而事实上，教师应当针对学生出现错误的地方进行分析和总结，了解学生在学习方法和知识层面上存在的不足，有针对性地指导和帮助学生，使学生从根本上避免错误的再次产生，帮助学生选择恰当的学习方法。比如，为了达到强化英语课堂学习的效果，首先指导学生针对英语教学内容中的某个学习过程进行方案规划，教师按照教学内容对学生的方案规划布置相应的学习任务，通过对学习任务和教学目标的确认，对学生进行全面的指导和教育，确保英语教学质量以及应用语言学在英语教学中的运用效果。

我们有理由相信，通过对以上两个教学内容短板的补充，学生在英语学习过程中就能受益匪浅。

1.2.2 应用语言学在高校英语教学中的应用

为使应用语言学相关理论在高校英语教学中得到充分利用，应该采取以下措施。

1.2.2.1 以应用语言学理论指导高校英语教学改革

尽管当前我国高校英语教学在理论方面已经有所改进，但从整体的角度来看，理论水平仍旧较低，相关研究工作尚未完备。这是开展教学改革的不利因素，对此我们应该有足够的认识。任何一种改革运动，都必须有一定的理论作指导，这是一条已被无数事实证明的真理，高校英语教学改革当然也不例外。为了能够有效提升应用语言学在我国高校英语教学中的应用水平，必须要在高校英语教学改革的过程中，进一步提高对应用语言学的学习重视程度。我国有一千多所高校，大学英语教师数以万计。大学英语教学改革绝不是少数人的事，必须有广大教师的积极参与，唯有如此改革才能成功。从现在的情况来看，大多数教师都具有一定的教学经验，但理论素养还比较欠缺。英语教师在研究应用语言学理论时，需要掌握更多的语言心理学、教育学和心理学方面的知识和技巧；同时还要能将应用语言学理论同实际的英语课堂教学结合起来，根据学生的英语掌握水平来制定出更为合适的英语教学方案，帮助学生掌握英语的学习规律。英语教师在提升应用语言教学能力的同时，还需要重点增强在应用英语专业理论方面的知识储备。无论是理论能力还是实践教学经验都很重要，都是提升英语教学水平的关键。只有将二者有效结合起来，才能够更好地总结英语实践教学过程中发现的各种问题，满足学生的不同英语学习需求。

除此之外，高校在英语教学改革的过程中，应该大力开展应用语言学及相关学科的理论学习，如普通语言学、心理语言学、社会语言学、教育心理学等。在理论学习的基础上，总结教学经验，提出比较科学的、符合外语教学规律的改革方案，用理论指导教学改革。当然，也应该认识到理论也有正确和错误之分，这就要求我们在实践的过程中对正确的理论进行验证，对错误的理论进行修正。通过这种方法，应用语言学的相关理论便能够与我国高校英语教学的实践有机结合，得到持续的发展。

1.2.2.2 以应用语言学理论培养学生的口语能力与写作能力

从整体上看，我国高校英语教学长期以来均以“阅读型”教学模式为主导。课程以精读为主，辅之以泛读和快速阅读，每周有 1~2 节的听力课。这种教学模式是适应我国改革开放前的实际情况的。当时我国对外交往较少，大学生毕业后除了阅读外文资料外，基本上没有用外语进行交际的机会。因此“阅读型”教学模式满足了那个时代大学生的需要。但是现在时代不同了，随着对外交往的不断发展，国内的独资企业和三资企业越来越多，各行各业都需要一批具有较强外语交际能力的管理人员和工作人员。而大学毕业生往往是他们招聘的首选对象。这就对大学生的外语水平尤其是交际能力就有了较高的要求，也就是说，这对高校的大学英语教学提出了新的、更高的要求。而“阅读型”教学模式满足不了这种需求，这一状况许多毕业生都有切身的体会，原国家教委高教司公布的一项调查结果也证实了这一点。为了迎合社会发展的需求，满足用人单位对人才外语能力的要求，我国各大高校在英语教学过程中应该重点培养学生的对外交际能力，具体而言，就是要提升学生的口语能力及写作能力。

从语言学习理论的角度来看，人类的语言行为按照交际方式及交际方向会出现一定的差异，可以分为“听”（listening）、“说”（speaking）、“读”（reading）、“写”（writing）四种形式。“听”和“读”对学习者来说，是语言理解（language comprehension），也是语言输入（linguistic input）；“说”和“写”是语言生产（language production），也是语言输出（linguistic output）。语言学习的过程一般分为三步，即语言输入（input）→语言吸收（intake）→语言输出（output）。由此可见，语言输出是语言学习过程中的最后一步，也是语言学习的最终目标。如果高校在英语教学过程中不重视语言输出，也就是不重视口语及写作能力的培养，那么便与语言学习规律不相吻合，也就不能从真正意义上实现语言教学的目标。

通过上述论证，我们认为高校英语的教学模式应该尽快从以往的“阅读型”转变成“听说型+读写型”，并重点培养学生的口语能力及写作能力。清华大学早在 1996 年就已经把大学英语课程改成了“听说课”和“读写课”，他们所取得的经验很值得其他学校学习和借鉴。通过应用语言学理论的正确指引和帮助，在实际的英语教学中，培养学生的“听说读写”能力，特别是说英语、写英语的能力，强化学生的英语综合应用能力，使学生勇敢地用英语来表达自己、展现自己，帮助学生更好地掌握英语思维方式，完成对“说写”英语学习的教学改革，改变过去那种“只看不说”的英语学习方式，使学生将在课堂学习到的英语知识有效地应用于实际的生活交流当中。

1.2.2.3 以应用语言学理论完善高校英语教学系统

我们应该认识到英语的学习及应用是一个缓慢的渐进过程。为此，英语教师对学生英语应用能力的培养也应该是一个循序渐进的过程。从应用语言学在英语教学中的应用效果来看，英语教师需要在今后的英语教学当中，采取循序渐进、因材施教的教学原则，逐渐完善整套英语教学系统。随着全球经济一体化进程的加快，英语的全球普及将会是大势所趋，因此对学生英语能力的培养需要从小抓起，打牢学生的英语学习基础，更重要的是在日常的学习和生活中，要有意识地去培养学生的英语应用能力，为学生创造更为舒适、和谐的英语学习环境，例如强化学校各级教育阶段的双语教学意识；聘请水平较高的专职外教人员对学生进行专业性指导，使学生增强与英语母语者的沟通及交流能力。

近年来，我国部分学者认为英语教学是一项“费时低效”的工程。一个学生从小学到中学再到大学，学习英语的时间少则七八年，多则十多年，但学习的效果似乎很不理想，许多人大学毕业了，仍然是说不出、听不懂，被称之为“哑巴英语”。我们认为，“费时低效”的现象在许多学生身上确实存在。但是，我们对“费时低效”要有一个客观的分析，不能以偏概全，一概而论。我们应当看到，许多重点大学学生的英语水平还是很不错的，他们在大学英语四六级考试中获得好成绩，在全国或地区性英语竞赛中经常获得好名次，不少毕业生在就业面试时所表现出的英语口语能力，受到用人单位的好评。再从 TOEFL 和 GRE 考试来看，获得高分的也大有人在。除此之外，许多大学生在校期间就能听懂外国专家的学术报告，并能用外语同专家进行比较浅近的讨论。有的还担任专家陪同，参与接待工作。这些均证实，我国英语教育，包含高校英语教育，已经取得了突破性的进展，并为我国社会的发展做出了突出的贡献。但这种发展尚不均衡，各个学校之间、各个学生之间仍旧存在较大的差距。

从语言学的角度来讲，英语学习中出现“费时低效”的现象在一定范围内具有普遍性，但这个问题并不能立即解决，这主要是因为以下几个原因。

（1）语言是一种十分复杂的社会存在，人类对它的本质还缺乏深刻的认识，语言学家对于语言是什么这个问题至今还没有找到令人满意的答案。对于一个还不很了解的事物，人们是很难去掌握和驾驭它的。

（2）语言是一种社会现象，一种语言是在一定的社会背景和环境中产生和发展的，要在本族语的社会背景和环境中去学习一种外国语，的确是一件旷日累时的事情，不可能速成高效。

（3）语言与思维既紧密相联又相互制约，思维模式决定语言模式，要在不改变思维模式的情况下去改变语言模式，很难做到。而要学会一种新的思维模式，也不是一朝一夕所能成功的。

（4）年龄因素在外语学习中起着重要作用，小学和中学阶段相对来说是学习外语的最佳时期，但往往因为师资条件、教学设备和学习环境等诸多原因，不少学生没能在这一阶段为外语学习打下扎实的基础。而到了大学阶段之后再进行补课，只能够收到事倍功半的成效。

以上论述造成“费时低效”的原因，目的并不是让大家放弃学习英语，或者不去努力提升教学效率，而是希望通过这一点证实高校英语教学应该采取实事求是的态度，既不能要求过高，也不能操之过急。我们的教学目标是培养大学生具有一定的听说读写能力，为毕业后要做的外语工作打下一个比较扎实的语言基础。但如果要求非外语专业毕业的大学生一走上工作岗位，就能用外语发表演说，就能在国际会议上担任翻译，就能与外国人自由交谈，就能用外语起草文件，这显然是脱离现实的。即便是英语专业的毕业生，也不是所有人均能达到这个要求。从这个意义上讲，高校英语教学更应该坚持实事求是的理念，以现实状况为指导，采取切实可行的措施。

总而言之，应用语言学和高校英语教学之间存在着紧密的联系。高校在英语教学过程中，应该将应用语言学的研究及应用视为一项系统性的工程，认清这项工程的开展具有复杂、灵活多变等特征。有鉴于此，高校在进行应用语言学的研究和应用时，必须要结合自身的教学特点开展教学活动，只有这样才能发挥应用语言学的真正力量，提高我国的英语教学水平。教师要进一步明确英语教学方式，找到英语教学中的误区所在，健全英语教学系统，让更多的学生愿意主动参与到英语知识的技能学习和应用当中，提高英语课堂的教学质量。将应用语言学应用于高校英语教学中，在助推高校英语教学改革方面也发挥着重要的作用。

2 高校英语教学模式与课程建设

2.1 陈述式教学模式在非英语专业教学中的实践

为了落实高校英语课程建设，应该对其教学模式进行深入探究。本节以内容依托教学理念为指导，主要从以下四个方面探索陈述式教学模式在非英语专业大学英语教学中的应用，旨在培养学生的英语综合应用能力，特别是表达能力，为高校英语教学改革提供有益的借鉴：

（1）改变教学理念，优化课堂教学，调动学习主体的积极性。

（2）结合网络平台，构建任务型教学模式，培养学生团队合作意识与精神。

（3）建立多元化评价体系，强调对学习主体动态评价。

（4）建立计算机网络环境下的英语应用能力和学生专业学习相结合的课程学习模式，以提升学生的综合能力。

2.1.1 陈述式教学模式与内容依托式教学法的基本理念

2.1.1.1 陈述式教学模式的基本理念

陈述是使用频率较高的一种学术交流形式，其指的是学生按照所选择的某个特定话题向大家汇报的口头陈述过程。陈述式教学是指以英语口语陈述的方式进行课堂教学活动，陈述主体为学生，学生以英语口语形式陈述一部电影、一本读过的书、一个专业设计、自己创作的一个作品或者与所学专业课程相关的某一话题、项目、计划等，陈述后是5~10分钟的答疑时间，听众根据陈述内容向陈述者提出各种各样的相关问题。陈述这项活动贯穿于高校英语教学的整个过程。

从本质上讲，陈述式教学模式抛弃了以往以教师讲授、学生练习为主的教学模式，采用了探究式教学、讨论式教学、提问式教学、合作式教学、自主学习等多种教学方式。其基本理念是，以学习主体为中心，通过师生、生生之间的互动，优化课堂教学模式，增强学生的跨专业交流能力，培养学生的口头表达能力和合作精神，充分调动学生自主学习的主动性，挖掘学生提出问题和解决问题的能力，使学生在思考和语言实践活动中进行学习，将语言知识通过课堂活动转化为语言技能，以达到培养学生综合能力的目标。具体而言，陈述式教学模式主要通过以下几个步骤来展开。

第一步，教师布置相关的任务。

第二步，学生分组讨论查找资料。

第三步，明确陈述的主题。

第四步，学生利用课余时间查阅相关资料，形成自己对问题的认识和分析。

第五步，学生利用多媒体等教学辅助手段阐释自己搜集的材料，讲述自己的观点和问题，组内进行演练、讨论和自评。

第六步，学生正式陈述，答疑时间听众（学生）提出问题。

第七步，学生对陈述进行评价，最后由任课教师进行点评和补充，汇总成绩。

2.1.1.2 内容依托式教学法的基本理念

内容依托教学法（Content Based Instruction，CBI）是一种通过主题或者学科内容教学的方式而实现英语习得目的的一种教学方式，它是一种以某个特定学科或者主题为基础的语言教学方式。此教学理念源于加拿大蒙特利尔的沉浸式教学实验，默汗（Mohan）于1986年发表的著作《语言与内容》使此教学理念得以迅速传播。20世纪90年代中期，我国外语教学界引进了内容教学法，并开始关注和研究这种教学理念。该教学理念强调依托课程内容，将语言系统与内容整合起来进行交流，在提高学生学科知识与认知能力的同时，促进语言表达能力的提高。此种教学方法的理论依据主要是：

（1）二语习得中有意义的内容学习理论，如Krashen的语言输入假说（The Input Hypothesis）。Krashen主张语言的习得应该依据“有意义、可理解的输入”，而不是依靠大量有意识运用语言规则或者枯燥无味的练习，二语习得应该专注于语言本身的意义，而不是语言的外在表现形式。

（2）认知心理学中的知识建构理论（Constructism），如皮亚杰的新旧知识联系说。该教学理念强调外语教学中，语言教学应将要学习的新知识与学习者的生活经验和已有知识相联系，以激发学习者的兴趣，使他们主动建构知识意义；同时，在理解信息的基础上获得语言输出练习的机会。学习意义的获得是每个学习者以自己原有的知识经验为基础，对新信息重新认识和编码，建构自己的理解。在这一过程中，学习者原有的知识经验因为新知识经验的进入而发生调整和改变。皮亚杰还强调教学不应该忽略学习者原有的知识经验，强硬简单地从外部出发对学习者进行知识灌输，而应是将学习者原有的知识经验视为新知识的生长点，指导学习者从原本的知识经验中衍生出新的知识经验。

这里需要指出的是，无论是输入假说还是知识建构理论，均从不同的研究角度出发得出了一个同样的结论，即意义实际上是语言学习的灵魂。为了有效促进语言习得，我们需要有意义的学习。“内容”和“意义”成为当代外语教学法发展的一个新的方向。

内容依托式教学法主要包含以下几个重要特征：

（1）教学以学科专业知识为中心，非语言本身。

（2）教学中使用真实的语言材料并完成真实的任务。

（3）学习的内容和活动符合学生的语言程度以及认知和情感需要。

陈述式教学模式正是顺应了此种教学理念的基本要求，将教学活动的重点放在学科专业知识学习及语言输出相融合的层面上，仅仅将语言视为一种工具，使得学习者在学习知识的过程中获得语言输出练习的机遇，继而实现渐渐提升自身语言应用能力的目标。

2.1.2 陈述式教学模式在非英语专业教学中的应用

2.1.2.1 转变教学理念，优化课堂教学

当前，非英语专业在高校中所占的比重较大，其教学模式在高校英语教学实践中发挥着重要的作用。以艺工融合类院校为例，此类院校主要由两部分学生组成，即艺术类学生和工商类学生。该类院校艺术类学生整体英语基础薄弱，听说能力较差；相比之下，工商类学生英语基础较好，但是听说能力不强。这类院校的英语课堂教学仍以讲授为主，多数情况下，教师“一言堂”，即使小班上课，较为有效的能力训练活动开展过少。与此同时，学生抱怨较多的是经过大学阶段的英语学习，英语能力仍然没有较大提高，即使是通过了全国大学英语四级考试的学生也认为英语应用能力没有得到明显的改善。针对此种情况，我们积极改变教学理念，提倡为非英语专业本科生开设口语陈述课程，采纳有助于学生能力培养的、行之有效的教学模式，改变以往学习主体消极被动的课堂教学，取而代之的是学习主体积极主动参与的课堂教学。该教学模式从课堂准备到具体陈述和提出问题都由学生来完成，学生课前需要大量的查阅与陈述主题相关的资料，了解所涉及的一些专业基本词汇，并且掌握一定的陈述技巧和策略。众所周知，学生是高校英语课堂教学的主体，只有充分激发学生的学习热情与积极性，促使学生主动参与到教学活动中，才能够真正实现优化教学活动、提升教学质量的目标。

2.1.2.2 结合网络平台，建立任务型教学模式

口语陈述课程充分运用当前已有的网络平台，例如大学英语精品课程平台、高校英语测试与训练系统（又称 iTEST 系统）平台、新视野网络学习平台等，将这些网络平台与高校英语课堂教学相结合，进行有目的性的听说能力培养和练习。与此同时，教师围绕特定的教学目的，每次课前设计出具体的、可操作的任务，要求学生按时完成任务，并最终达到学习和掌握语言的目的。该教学模式对教师有很高的要求，教师除了具有敬业精神、较高的科研能力、掌握一定的现代

教育技术之外，还需具有先进的教学理念，以有效的任务组织教学，在任务的履行过程中，以学习主体参与、体验、互动、交流、合作的学习方式，充分发挥学习主体自身的认知能力、语言实践能力，在“做”中学，使学生最终达到综合能力提高的目的。

口语陈述通常情况下会使用两种形式，一是学生单独进行，二是以小组的方式进行。以小组方式进行的学生在准备陈述过程中，要求小组成员分工明确，积极准备并完成自己的那份工作。小组中各成员需充分认识各自的角色，了解各自的职责，调整心态，适应团队合作，尊重团队成员的想法，乐于听取他人的意见，在团队协作过程中完成学习任务。除此之外，学生进行口语陈述后，还需要回答大家提出的各种各样的问题。当遇到棘手的问题时，团队其他成员应该协助其回答问题，使学生认识到合作的意识和能力是现代人必须具备的基本素质，并且真正从中体会到团队合作精神。这种做法既锻炼了学生表达个人意见和提出有独到见解的问题的能力，又促进了跨专业交流，扩大了学生的专业视野，同时也能培养学习者坚强的意志和团结合作精神，最终促进学生人格的健康发展。总而言之，口语陈述课程强调了语言能力和专业相互结合，凸显了英语学习的实用性，能够在最大程度上培养学生的听说能力，提升他们的学习热忱，这也间接对高校英语课程教学体系及模式进行了优化。

2.1.2.3 建立网络环境下英语应用能力和学生专业学习相结合的课程学习模式，提升学生的综合能力

当前，网络信息化已经成为不可逆转的趋势，正在深入高校英语教学的方方面面。蔡基刚在《后大学英语教改依据与对策研究》一文中提出：“在网络环境下，将学生的听说能力培养与学生专业学习结合起来，提高学生用英语在本专业领域的口语和文字交流能力。”蔡基刚的调查也显示，我国大学生迫切希望在基础英语到专业的全英语教学之间安排一些衔接性课程，使英语很好地为专业学习服务。口语陈述正是符合这项要求的一种实用性较强的教学模式，该模式将口语表达能力与专业知识结合起来，学生的综合能力有了很大的改善。譬如，服装工程专业学生可以陈述自己在服装设计中的一个创新，让大家了解服装设计的过程；艺术类学生可以就自己的绘画作品进行陈述，介绍其中的艺术价值与欣赏价值。学生课堂上仅仅是20分钟左右的陈述，但他在准备过程中，往往需要花费三四天，甚至一周的时间翻阅相关资料，熟悉大量的专业词汇，这为学生未来的专业英语学习打下了良好的基础，因此学生积极性很高。总而言之，将学生口语能力培养和学生专业知识相互连接起来的方法在最大程度上满足了学生的基本诉求，同时也调动了学生的学习热忱，培养了学生在本专业领域内的英语交流能力，还有利于提升学生的创新能力，因而受到了学生的热烈欢迎。

2.1.2.4 构建多元化的评价体系，重视对学习主体的动态评估

高校英语教学新模式需要一种与之相配套的评估模式，因而在教学实践活动中，我们构建了多元化的评估体系，关注于学习过程的动态评估，以对学生的学习全过程进行监督，并全方位地考查学生的学习能力。具体做法是：一方面，利用网络平台对学生平时的基础听说训练任务进行监测，强调学习过程的重要性，与此同时，激励学生随时关注与成绩有关的听、说能力，使他们有针对性地调控自己的任务进度和学习方法；另一方面，在口语陈述教学中，教师、学生对陈述者的陈述主题、陈述模式、陈述框架、陈述语言以及辅助陈述的演示工具等进行评价，对学生的回答进行评价，对团队的合作、分工协作等进行评价，并把评价成绩与评价内容详细记录下来。

学生在高校英语课程中的最终成绩主要包含两个组成部分：一是形成性评价成绩，占最终成绩的40%；二是终结性评价成绩，占最终成绩的60%。其中，形成性评价包括学生的陈述评价、网络自主学习、课堂表现、平时作业和团队合作情况；终结性评价包括期末口语陈述和期末笔试考试。终结性评价对口语陈述的评价比较全面，要求从学生陈述的开始方式（the opening）、陈述的组织结构（organization）、主题的支撑材（support）、陈述的语言（language）以及陈述总体印象（overall presentation）等几方面进行评价，教师和学生同时进行评价，并要求学生写出每个学生陈述中最大的优点和最大的不足，最终成绩需要综合两者成绩。这其中要将教师讲评与学生讲评结合起来，尤其是建立合作学习方式、同伴评价系统，开展学生对学生的评价活动。这一环节非常重要，它把全体学生的积极性调动起来，激发了学生的思辨力，增强学生的英语综合应用能力，也有助于对教学质量的监控。

大量的高校英语教学实践证实，陈述式教学模式转型在提升学生主体的英语能力方面得到了充分肯定，高校英语教学也显示出多元化、互动式、趣味性的特征，学生由被动的信息接受者转变成动态的学习主体。从效果上看，学生积极主动参与到英语学习中，英语水平和综合能力都得到了较大的提高。

2.1.3 推行陈述式教学模式的现实价值

当前，陈述式教学模式已经成为高校英语教学的重要模式，其具有一定的现实价值。我国相关教育指导性文件指出："要更新人才培养观念，创新人才培养模式，注重学思结合。倡导启发式、探究式、讨论式、参与式教学，帮助学生学会学习。"陈述式教学模式能够引导学生转变英语学习观念，使学生认识到语言是未来发展不可或缺的工具，而不是一门单纯的语言课程，从而激发他们的学习兴趣，培养本专业领域的英语交流能力，提高创新能力，这对促进目前非英语专

业本科教学改革，以及我国英语教育长期良性发展都具有巨大的现实意义。具体而言，陈述式教学模式具有以下三个重要现实价值：

(1) 陈述式教学模式转型的重要意义不单单是对学生而言的，而且还是国家层面上的重要战略目标。把大学英语教学看成是一门实用性很强的工具，主要目的是为了进行国际交流和获取先进的科学技术知识，培养学生在专业学科领域的国际竞争能力。从长远角度来看，陈述式教学模式有助于培养具有国际化视野的国际化人才，这对国家的未来发展具有重大意义。

(2) 陈述式教学模式主张更新教学理念，转变现有的认识，这能够在一定程度上提升学生自身的国际竞争力。非英语专业学生有自己明确的专业，有比较确定的需求目标，培养他们用英语进行专业学习和研究的交际技能、开展涉及专业的小组讨论的能力、做演示和陈述的能力等，有助于提升他们未来职业竞争力。我国香港一些大学的英语教学主要围绕学术英语展开教学活动；日本高校如东京大学和京都大学等的英语教学也是以培养学生研究、合作和表达能力为主展开教学活动。这些活动在培养学生未来研究能力、职业竞争能力等方面都起到了不可估量的作用。

(3) 陈述式教学模式为我国大学英语教学转型提供必要的经验与参考，具有一定的示范带头作用。根据相关教育指导性文件的内容，从中长期的角度看，我国大学英语教学的方向转移是不可避免的。实践新的教学模式是对大学英语方向转移的最好准备。陈述式教学模式为未来大学英语教学方向的转移提供了可借鉴的经验，起到启发和示范作用。

2.1.4 陈述式教学模式实施过程中需要关注的问题

当前，陈述式教学尽管已经取得了一定的突破性进展，然而其在实施的过程中仍旧存在一定的问题。这些问题集中表现在以下几个方面。

(1) 教学硬件条件的提升对高校英语提出了更高的要求。随着国家教育投入的增大，全国各大高校的硬件条件都得到了较大的改善，在此基础上的陈述式教学模式转型有了可靠的硬件保障，要注意充分发挥网络平台的辅助作用。

(2) 陈述式教学模式对高校英语教师提出了更高的要求。教师除了要求具有敬业精神、较高的科研能力、掌握一定的现代教育技术以外，还需有继续学习与更新知识结构的需求，善于掌握先进的教学理念，有能力组织有效的教学。

(3) 评价是陈述式教学的核心。同伴评价过程中，难免个别学生有心理偏向，因此要注意学生评价的质量，教师要给以适当的监督与指导。

(4) 陈述任务的设计是陈述式教学中的关键，教师要注意把握陈述任务的难易度，对学生选择的话题随时给以有针对性的指导，并保证课程循序渐进，同时兼顾对学生以听说能力训练为目标的自主学习的监控。

英语口语陈述是提升学生语言表达能力的一种有效模式，能够为学生综合应用能力的提升奠定基础。与此同时，口语陈述让学生在陈述实践中除了重视口语表达能力、专业知识外，也注意到培养自己的语篇能力、社会语言能力、策略能力和思辨能力。学生在陈述过程中逻辑思维能力更是得到了很大的锻炼。除此之外，通过答疑解惑，学生更加关注创新性思维、批判性思维，也对二者有了更深层次的认识。

2.2 基于听说能力培养的选修课课程建设

大学英语选修课是大学英语基础教学的有益补充。本节基于建构主义理论、输入假设理论以及任务式教学模式，主要介绍大学英语选修课课程的教学转型与实践；同时以英语实用能力为培养目标，从任务型教学模式、教学评价、自主学习三个角度出发详细介绍大学英语选修课程建设和实践所产生的效果，旨在为我国高等院校大学英语选修课课程体系的建设和实践提供一定的借鉴。

2.2.1 基于听说能力培养的选修课程的理论基础

以听说能力培养为目标的大学英语选修课教学体系的建立主要依据了建构主义理论和克拉申（Krashen）输入假设理论。当前，我国各大高校充分利用多元化的网络平台进行英语教学，这充分体现了建构主义理论和克拉申输入假设理论的相关理念。

2.2.1.1 建构主义理论

建构主义理论是在传统教学问题的基础上提出的。传统的认识论和认知科学主张知识是对外部客观世界的被动反映，学生必须以某种方式从环境中获得信息，而不强调学生理解和自己建构知识。而建构主义知识观认为教学不要以我们对知识的理解方式来作为让学生接收的理由。学生对知识的接收，只能由自己建构完成，他们以自己的经验为背景来分析知识的合理性。在学习的过程中，学生不单单要理解新知识，还应该对新知识进行详细解析、验证及批判。

建构主义的教学理论认为“情境”“协作”“会话”和“意义建构”是学习环境中的四大要素或者四大属性，提倡在教师指导下的、以学习者为中心的学习，也就是说，既强调学习者的认知主体作用，又不忽视教师的指导作用，教师是意义建构的帮助者、促进者，而不是知识的传授者与灌输者。学生是信息加工的主体、是意义的主动建构者，而不是外部刺激的被动接受者和被灌输的对象。教学应使学习在与现实情境相类似的情境中发生，以解决学生在现实生活中遇到的问题为目标。网络环境之下的大学英语教学便是对此种新的教学观的具体实践。

建构主义教学理论的基本原则集中表现在以下几个方面：

（1）强调以学习者为中心；

（2）强调“情境”对意义建构的重要作用；

（3）强调学习者“协作学习”对意义建构的重要作用；

（4）强调学习环境的重要性；

（5）强调利用各种信息资源来辅助学习者的“学”；

（6）强调最终目的是完成意义建构。

2.2.1.2 克拉申输入假设理论

输入假设理论（the Input Hypothesis）是克拉申五个语言习得假设的一项重要理论，它主要包含以下内容：

（1）克拉申认为人类获得语言是接受大量的可理解的输入（comprehensible input）。人们的注意力会放在所输入的信息本身，而不是某种特定的语言形式上。

（2）习得衍生的一个重要条件便是学习者获取到比已有水平更高的语言输入。如果输入的内容远远超过学习者现有的水平，即 $i+2$；或者是和现有水平一样，即 $i+0$，这两种情况下的习得都不能取得最佳效果。

（3）克拉申强调只要可理解性输入的量充足，它将自动提供必要的语法。克拉申认为语言输入是语言习得的首要条件。该观点强调学习者必须通过阅读和听力吸收语言材料，且材料必须是“略微”超过学习者目前的水平并被学习者所理解。这一假设体现了克拉申对第二语言学习者如何接收和吸收语言材料这一过程的实质性认识。

输入假设理论观主张输入的意义是能够得到学习者的理解；理解输入的语言是语言习得的必要条件；可理解的输入应反复出现。理想的输入应该既有趣又有关联（interesting and relevant），且有足够的输入量。网络环境之下的大学英语教学与此种理想化的输入环境相吻合。

2.2.2 高校英语选修课课程建设

2.2.2.1 国内高校英语选修课课程建设的现状

当前，国内大学英语教学大部分实行分级教学的模式，或者将大学英语细分成听、说、读、写、译五个部分来进行的模块式教学。与此同时，各大高校还开设了大学英语选修课，借助现代化教学手段授课，开设利于学生个性化学习的实用性较强的课程。大学英语选修课程的开设，从多角度培养了学生的英语综合能力，也为一部分基础较好的学生达到“较高要求”或“更高要求”提供了有效的支持。

但是，当前仍旧有一部分高校英语教师发现一些学生对选修课的学习热情不够，特别是学生潜意识中认为选修课对提升听说能力并不会起到太大的作用，其不具有实用性，这种错误的理念导致学生的英语实用能力特别是听说能力并没有得到显著的改进。由此可见，大学英语教学中的一些根本问题并没有得到妥善解决。因此，要想真正提高大学英语的教学效果，激发学生学习兴趣，应该注重选修课学习过程中学生综合应用能力的个性化培养，强调英语应用能力与专业的整合，同时又要关注英语语言综合能力与自主学习能力之间的关系，把社会需求与学生学习放在第一位，根据学生实际需要来设置大学英语选修课模块教学体系，这将会在很大程度上改进高校英语的教学方法，优化教学设置，实现提升整体教学质量及学生整体语言能力的目标。

2.2.2.2 高校英语选修课课程建设的研究和实践

当前，我国部分高校经过认真地理论探讨及实际状况分析，并且在学校领导及相关教育部门的支持下，从本质上转变了传统上以课堂讲授为主的选修课教学模式，建立起新的以网络和课程相结合的英语选修课教学模式。新的模式倡导"个性化自主学习"的理念，重点培养学生的自主学习能力，使英语选修课教学朝着个性化、自主学习和可持续的方向发展。

A 建立基于计算机网络、以听说能力培养为核心的选修课课程教学体系

按照新时期大学英语教学所表现出来的网络化、立体化特征，不断对现有的教学资源进行补充、整合及优化，渐渐建立起以听说模块为基础的选修课课程体系，最大限度地满足学生自主学习的不同层次需求，为阅读、写作、翻译及文化类等更高层次的选修课学习奠定基础。在已有的必修课程基础上，开设了英语视听说、口语陈述两门基础选修课程，这两门课程凸显听、说能力培养，强调语言能力与专业相融合，作为其他提高类语言技能类、语言文化类课程的基础，提高了学生的学习兴趣，间接地优化了模块式英语选修课程教学体系。当前，大多数高校在第三学期、第四学期开设大学英语视听说课程、口语陈述课程，利用已有的网络平台，如新视野网络学习平台、iTEST 测试与训练系统平台、大学英语精品课程平台等结合课堂教学，进行有针对性的听说能力培养与训练，满足学生的要求，取得了意想不到的效果。

B 结合网络平台，建立基于网考的任务型教学模式、教学评价及自主学习相结合的选修课教学体系

近年来，面对我国大学生英语听说能力普遍不高的现实情况，我国于 2008 年开始推行大学英语四级网考，并且网考中听说部分的比重不断增加，展现出我国相关教育部门对提升学生语言应用能力的重视。网考的最大变革就是与听力相关的题型分值占 70%，其中包括 25%的听力理解和 45%的综合听力，综合听力

又包含单项选择、听写、跟读、回答问题、结构以及写作等题型。这项举措对于推进高校英语教学改革，促进英语教学的信息化起到了很大的作用。

我国部分学者通过实验的方式证实了多媒体网络教学模式在提升学生的听力理解能力方面有显著成效。利用校园网可以开发和利用丰富的网上资源，借助精品课网络平台支持，使学生共享资源，从而建立以学生为主体，以听说能力训练为主要内容的全新教学模式。

高校英语选修课课堂教学转变以往学生被动学习的教学方式，关注学生在课堂上的主动性。提倡小组合作式学习方式，强调讨论在学习中的重要性，鼓励学生进行主题式演讲提高学生的思辨能力。课堂输入大量音、视频材料，以听促学，注重听说实用能力的培养。课外鼓励学生以自主学习的方式有针对性地进行语言训练——听力、阅读、叙述、复述新闻的练习，这些手段有效地提高了学生的听说能力，全面提高了学生的英语综合能力。教学过程中倡导任务型教学模式，鼓励学生在活动中使用语言，并将专业与英语表达结合起来，如学生用英语进行专业陈述，用英语流利地介绍自己的艺术作品，或者用英语介绍所参与的项目的立项、实施、结项等过程。学生在完成任务的过程中，将语言知识和语言技能结合起来。通过开设英语选修课程，学生参与语言交流活动的积极性更高，想象力和创造性思维得到了很大的改善和提高，学生的主体性作用得到了充分的体现。

基于网络平台的形成性评价模式不仅会在高校英语必修课中发挥一定的作用，而且还贯穿于选修课教学过程的始终，其作用不容忽视。借助网络自主学习平台，课堂教学评估、课外教学评估、同伴互评等多元评价形式融入整个教学活动中。这种评价能真实检验学生的自学能力、听力水平、思辨能力以及综合运用语言的能力。“课内-课外”教学评价相结合的模式，能收到传统单一评价模式所无法比拟的教学效果。

通常情况下，学生的专业课学习负担较重。在这种状况下，借助新视野网络学习平台、iTEST 测试与训练系统平台、大学英语精品课程平台的自主学习尤为重要。任务型教学模式下的自主学习增加了学生的主动性，学生可以随时利用空余时间进行有针对性的英语学习，学习能力、自我监控能力都得到了提高，学生受益无穷。

C 建立网络环境下英语应用能力和学生专业学习相结合的选修课学习模式

上文中提到了陈述式教学模式在非英语专业教学中的实践，其中提到了需要建立网络环境下英语应用能力和学生专业学习相结合的课程学习模式，以提升学生的综合能力。在此处英语选修课程体系的建设过程中，也应该仿照此种方法，建立起网络环境下英语应用能力和学生专业学习相结合的选修课学习模式，以有效提升学生尤其是非英语专业学生的语言应用能力。

2.2.2.3 基于听说能力培养的高校英语选修课课程建设所取得的成效

当前，部分学校在英语教学过程中开设了大学英语视听说、口语陈述选修课，并取得了一定的成效。修完此选修课的学生参加全国大学英语四级网考(iBT-band 4)，考试成绩显著。根据相关统计，参加选修课学习的学生在大学英语四级考试中，尤其是听说能力所占比例较大的网考中，成绩优于未参加该课程学习的学生。通过该类选修课课程的学习，学生英语实用能力得到较大提高。这类选修课将英语能力与专业课知识结合起来，既提高了学生的学习兴趣，对学生又是一个挑战。在这类选修课学习过程中，学生面对未来工作的竞争能力也得到了较大的提升。

我国各大高校在大学英语选修课课程建设方面进行了有益尝试，在选修课的教学方法及教学内容转型方面也做出了突出的贡献，高校英语的整体教学成效得到了显著提升。只有结合专业内容学习，语言学习才更有效。我们需不断开发选修课程学习对学生整体能力提升的巨大作用，最终建成一个以培养实用能力为基础，与学生专业知识整合的健全的大学英语选修课程群。我们希望通过对大学英语选修课课程建设各方面的不断探索和实践，努力促使课程建设日臻成熟，确保学生英语听说等实用能力与水平不断得到提高，从而为提高学生未来在学科领域内的国际竞争能力打下良好的基础。

2.3 英语幽默情景剧应用于英语实用写作教学

2.3.1 英语幽默情景剧应用于英语实用写作教学中的可行性

将英语幽默情景剧运用于高校英语实用写作课堂是当前最流行的一种新型教学模式。英语幽默情景剧能提供真实的或相关联的交际情境，弥补了英语实用写作教学缺少真实语境、书面化的缺点。利用英语幽默情景剧创设实用写作语境，有助于学生主动构建知识，完成意义建构，从而使知识得以有效的内化，达到提高学生综合运用能力的目的。

幽默情景剧最初来源于美国，每一集的幽默情景剧往往具备一个相对独立的、封闭的结构，集与集之间均是独立的。无论多么复杂的故事，一般也就在两三集中完成，这个特点影响到幽默情景剧的创作模式。英语幽默情景剧随着信息全球化，尤其是网络的应用而得到了广泛传播。英语幽默情景剧通常既能给我们提供西方各民族进行交际的情景和语言，又能展现西方国家的历史、文化、风土人情等，它是大众文化的主要表现形式之一。在大学英语实用写作课堂中引入英语幽默情景剧，可以为教学设置相似的情境，为课堂学习创造幽默自然的学习气氛和真实、特定的语言环境，从而优化语言的教与学。

英语幽默情景剧往往能够为学生提供丰富且真实的生活场景，大量地地道道的语料，能描绘出西方人的日常生活场景，集形象和趣味于一体，实现了语言和语境的融合。幽默情景剧通常以轻松幽默的方式向学生展示交流语境和文化语境，将学生引入英语思维，激发学生对英语的兴趣。通过观赏幽默情景剧，学生能够在耳濡目染中实现知识的内化，从而能够有效地达到语言学习的目的。

2.3.2 高校英语实用写作教学中应用幽默情景剧的具体情况

以下我们以《人人都爱雷蒙德》（Everybody Loves Raymond）为例，探讨如何有效地将英语幽默情景剧引入英语实用写作教学中，即把与实用写作主题内容相关的情景剧引入课堂，创建与实用写作主题相关联或相似的实用语境。在课堂中课本知识与英语幽默情景剧并用，可以使语言更加鲜活，使教学更加生动，使实用语境更加真实，更加接近实际生活。《人人都爱雷蒙德》是美国哥伦比亚广播公司（CBS）于1996~2005年连续播出的九个季的幽默情景剧，一直稳居美国收视率排行榜前5名的位置，并获得多项艾美奖。通过将此情景剧带入高校英语教学过程中，能够有效提升学生的工作效率。

2.3.2.1 高校英语实用写作教学的特征和目标

英语实用写作实际上是特殊用途英语的一个分支。其目标是培养高校学生的英语实用写作能力，这既是教学大纲的要求，也是社会对毕业生英语应用能力的要求。根据大学英语的相关教学要求，实用英语写作课程的设计应该构建在科学的基础上，不仅要考虑学生的基本需求及社会的需要，还应该采取行之有效的课堂教学方法。

从课程目标来看，英语实用写作课不仅要使学生掌握应用文的基本写作技能，还应该促使学生深入了解应用文的运用语境及特征，进而使学生能够独立完成各种各样的实用写作文体。国家也对大学英语教学提出了“转变思想，把培养学生阅读能力为重点转变到提高学生综合性实用能力上来”的要求。当今社会对外语人才的技能要求更加注重实际运用能力。英语实用写作是一门应用性很强的课程。英语实用写作教学内容的庞杂性要求教师精心设计课堂教学，根据授课学生和社会的需求，将丰富的、真实的语言情境引入教学，最大程度地给学生创造接近真实的语言情境，不断探索新的教学模式，最终达到提高教学效果的目的。目前，学生能够认识到英语实用写作的重要性，但是激发不起学习的兴趣，知识与实际应用脱节。教师仍然是一厢情愿地以单向知识传授和简单重复的方式进行英语实用写作教学，英语实用写作课堂沉闷呆板，教学常常呈现出缺少真实语境及知识性、过度书面化的特点。从学生的角度来讲，实用知识很容易理解，但是这些知识很难灵活有效地运用到实践中。有鉴于此，在英语实用写作课堂中引入英语幽默情景剧，转变传统呆板的说教式教学方法，有利于调动学生的学习热忱，有效、生动形象地展现各种实用文体所需要的不同实用语境，促使学生科学掌握英语实用文体的应用语境，实现优化教学方法的目标。

2.3.2.2 英语幽默情景剧在高校英语实用写作教学中的运用

语言的学习需要借助特定的情境。由于语言源自社会，因而语言的使用及学习也与社会情境密切相关。学习环境中的情境必须有利于学习者对所学内容的意义建构。在教学设计中，创设有利于学习者建构意义的情境是最重要的环节或方面。利用英语幽默情景剧辅助英语实用写作教学，可以活灵活现地将情景剧及其背后的文化知识、社会背景等形象地展现出来。这不仅能够调动学生对英语的学习兴趣，又能够在教学中提升学生的跨文化理解能力，提升学生使用目的语思维的能力，拓展学生的语言视野及文化视野。

A 提供实用文写作情境，使学生深入了解写作背景

英语各类信函的写作是英语实用写作中最基础的一种文体写作。在高校英语教学中，一味地强调伴随着世界一体化趋势的加深，英文商业信函的地位和作用逐渐凸现出来，并不会使学生真正理解这种重要性，此时便需要设置一部分情境，帮助学生了解。因此，在讲解不同类型信函在商务活动中的作用（如增强合作、创造和谐的交流氛围等）时，教师可以引入《人人都爱雷蒙德》第 2 季第 11 集《The Letter》（《一封来信》）。该集主要内容是玛丽把黛布拉精心准备的聚会给搅和了，黛布拉忍无可忍给玛丽写了一封措辞强硬的信，把心里的不满、平时语言不易于表达的情感通过写信表达出来，最后两人互相原谅，和好如初。课堂中插入相关的短剧，一方面活跃了气氛，学生可以亲身感受特定的情境下，西方人所使用的地道的、“原汁原味”的语言；另一方面，学生可以了解信函的基本功能和作用。教师从这个方面着手，由浅至深，由私人信函渐渐扩展至商务信函，使学生真正了解信函在国际贸易交往过程中的重要作用。

通常情况下，西方人士在大部分场合中均会书写感谢信。当接收到朋友馈赠的礼物，或者在困难时得到他人的帮助，或者出去旅行时受到当地人的盛情款待，除了当面致谢，西方人士往往还会通过写信的方式表达谢意。为了更好地帮助学生了解感谢信的使用情境以及感谢信的功能，在讲授这个内容时，教师可以导入第 8 季第 2 集《Thank You Notes》（感谢信）。该集主要讲述了艾丽和罗伯特蜜月归来，玛丽因为艾丽没有给送结婚礼物的斯坦写感谢信而发火，以及围绕此事所发生的一些事，最终艾丽写了感谢信，事情以皆大欢喜而结束。在这里引导学生思考这样一个问题，玛丽为什么会为一封感谢信而耿耿于怀？通过问题的引导，开展小组谈论，大家畅所欲言，最终使学生理解感谢信的功能和使用情境，认识到感谢信属于个人信函，在西方国家用得比较普遍的是用来对馈赠礼物或曾

经得到某人的关怀、照顾表示感谢。通过短片干预教学，学生了解感谢信书写要求，如对朋友赠送礼物表示感谢的信，一定要提到所赠的礼物以及自己对礼物的喜爱之情；再如，因为曾在对方家里小住而写的感谢信，一定要提到在对方家里居住时的感受。总而言之，利用英语幽默情景剧的干预来创造实用文的写作语境，有利于促使学生进行知识构建，并主动进行和完成意义层面的建构。这样，学生才能够真正将知识内化，才能够实现相应的学习目标。

B 设置相似情境，提升学生的跨文化理解能力

提升英语实用写作综合能力需要一定的跨文化理解能力，这就要求学生拓展实用文化视野。撰写工作简历、应对工作面试等都是英语实用写作中的重要内容。在讲解工作简历的撰写与应聘工作岗位等相关内容时，教师可以引入第 3 季第 22 集《Working Girl》（工作女郎）。该集主要讲述黛布拉想从繁琐的家务中解放出来，于是找了一份新工作，但黛布拉第一天的工作就很不顺心，其丈夫雷便想方设法帮助妻子找到工作的信心及方向。该剧为学生提供了应聘工作时的具体场景，使学生深入了解应聘过程中应该关注的要点及与应聘相关的地道语料。与此同时，该剧可以促使学生深入掌握整个应聘过程相关的知识。

在讲述应聘面试需要关注的注意事项时，教师可以为给学生放映第 6 季第 16 集《Lucky Sui》（幸运西服）。该集主要讲述罗伯特要去参加 FBI 的面试，准备穿着自己的幸运西服。结果玛丽却把幸运西服烫坏了。面试进行时，面试官加菲又收到了一封来自玛丽的传真，指责罗伯特的不足之处罗伯特终于忍无可忍，做出一些不合时宜的举动，最终导致面试失败。看完幽默的短剧，引导学生分组讨论最终罗伯特应聘失败的原因以及应聘面试注意事项，最后学生进行总结，指出应聘面试过程中，家人干预给人缺乏独立、自信的感觉；幸运西服给人迷信的感觉；面试时，西服给人绅士的感觉，但是新衣容易使人紧张；面试前，不要紧张，不要自言自语等。同时，教师还可以对学生所列出的注意事项进行拓展，对应聘注意事项进行全方位总结，使学生在参与过程中主动建构知识，实现促使学生熟练运用所学知识的教学目标。

当今社会对英语人才的技能要求比以往任何时候都更加注重实际运用能力。英语实用写作教学内容的庞杂性要求教师应根据学生和社会的需求来决定教学内容，设计的教学模式应能够最大程度地创造接近真实的或者相关联的语言情境。英语情景剧的引入将促使学生最大限度上感悟真实的语言环境，深入了解真实的文化背景，进而提升整体的教学效果。

英语幽默情景剧是作为重要的课程资源在教学中被开发和利用的，是为英语语言教学而服务的。英语幽默情景剧应用于英语实用写作教学具有传统教学所无法比拟的优势，它能够提供真实语言环境中的语言素材，让学习者在真实的语境中增强对语言的理解。选择英语幽默情景剧的时候，教师应该始终坚持以教学需

要为导向，科学合理地、有针对性地选用此种教学辅助资源，使之真正为教学服务。

2.4 基于社会建构主义的高级英语交互教学模式

社会建构主义教学法是构建在集体合作性学习基础之上的一种语言教学理论。社会建构主义教学法在教学中强调教师的中介作用及教师与学生在一定任务与环境下的交互作用。大量的教学实践证实恰当合理的高级英语交互教学模式在一定程度上展现了外语教育的基本原则，有利于培养学生的创造能力及知识建构能力。

高校英语教学是一门对交互性要求极高的学科。研究者们强调大学英语教学交互模式，而忽略了交互模式在英语专业高级英语教学中的作用。高级英语教学更需要交互。本节在社会建构主义理论的指导下，结合英语专业高级英语教学实践活动，探究高级英语交互教学模式。

2.4.1 社会建构主义理论概述

2.4.1.1 社会建构主义理论的历史发展

社会建构主义理论以认知心理学为基础，其主要代表人物有皮亚杰（J. Piaget）、科恩伯格（O. Kernberg）、斯滕伯格（R. J. Sternberg）、卡茨（D. Katz）、维果斯基（Vogotsgy）。皮亚杰关于建构主义的基本观点是，儿童是在与周围环境相互作用的过程中，逐步建构起关于外部世界的知识，从而使自身认知结构得到发展的。儿童与环境的相互作用涉及两个基本过程，即“同化”与“顺应”。在皮亚杰的“认知结构说”的基础上，科恩伯格对认知结构的性质与发展条件等方面作了进一步的研究。斯腾伯格和卡茨等人强调个体的主动性在建构认知结构过程中的关键作用，并对认知过程中如何发挥个体的主动性作出了认真的探索。维果斯基提出的“文化历史发展理论”，强调认知过程中学习者所处社会文化历史背景的作用，并提出了“最近发展区”的理论（the zone of proximal development）。维果斯基认为个体的学习是在一定的历史、社会文化背景下进行的，社会可以为个体的学习发展起到重要的支持和促进作用。维果斯基对个体发展的两种水平（即现实的发展水平和潜在的发展水平）进行区分，他指出现实的发展水平具体指的是个体独立活动所能够实现的水平，而潜在的发展水平具体指的是个体在成人或者比他成熟的个体的帮助之下所能够实现的活动水平，这两种水平之间的区域就是“最近发展区”。

在此基础上，以维果斯基为首的维列鲁学派深入地研究了“活动”和“社会交往”在人的高级心理机能发展中的重要作用。所有相关研究均促进社会建构主义理论发展和完善，为其在实际教学过程中的应用创造了有利条件。

2.4.1.2 社会建构主义理论的相关理念

社会建构主义于20世纪80年代产生于西方教育心理学，是西方教育心理学的一种表现形式。由于其对教育过程的科学解释和自身理论体系的不断完善，社会建构主义很快便对当今教育的理论和实践产生了重大影响，成为20世纪末和21世纪初的主导教育理论。社会建构主义是集合哲学的语言意义建构主义、人本主义心理学、认知主义的信息加工理论和社会学的社会互动理论为一体的教育学说。它的基本观点是，从哲学上来看，知识和意义不是独立于个体之外的客观存在，而是由个人主动建构的，因此具有主观性。但这种个人具有的主观知识在其本质上是内化了的、再建构了的客观知识，即是客观知识的主观内在表现。从语言哲学的角度来说，语言意义是动态的，是个人对语言在使用中的主动理解和诠释。社会建构主义的人本主义心理学强调人的内心世界，认为人的发展首先是思想和情感的发展。根据这种理论，人在满足基本需求的基础上，有降低内驱力、追求更高层次的需求，以保持心理平衡。因此，人具有天然的学习潜能，且学习是人的终生需求。但是，真正有意义的学习只有在学习者认为具有个人相关性并能主动参与时才能发生。因而，教育应该重视作为个体而存在的学习者，尊重学习者本身的基本需求及其个人情感，鼓励学习者进行自我选择，树立自我责任感，促使学习者实现真正意义上的全人教育及终生学习。

与此同时，社会建构主义在很大程度上吸收了社会互动理论，并以此为理论支撑。社会互动理论主张单纯强调学习过程中的认知参与并不能完全揭示学习的整个过程。人是社会中的人，人从一出生就进入人际交往，学习也是发生在与他人的交往和互动之中。维果斯基（Vygotsky）提出中介作用（mediator）这一概念，专指学习个体身边对他有重要意义的人（如父母、老师、同伴等）在他学习过程中的作用。费厄斯坦（Fuerstein）更是丰富了中介作用理论，提出中介作用就是为学习者提供富有教育价值的学习经验，使学习者成为独立的学习者。在这种理念的驱使下，教师的角色由知识的传递者转化为中介者。社会建构主义通过这种方式，在吸取各个学科理论核心理念的基础上，改进并完善了自身的理论体系。社会建构主义教育论的要义简单说来就是，知识是由个人建构的，而不是从外部注入的。这种建构发生在与他人交往的环境中，是社会互动的结果。因此，有效的教育是建立在学习者主动理解的基础上，教师作为中介者应为学习者提供富有个人意义的学习经验和学习机会，由学习者自己从中建构知识，并由此学会学习，学会独立思考和独立解决问题。社会建构主义对语言教学具有其特殊意义，这是因为，对别的学科来说，语言只是一个学习工具，但对语言学习来说，语言不仅是工具，而且也是学习的目的。作为学习工具，语言自身便是社会建构的一种形式，其不仅具有建构的特点，也具有一定的社会属性。但是，作为学习的目的，学习语言的过程便是建构个人知识的过程。

2.4.1.3 社会建构主义所提倡的语言教学模式

20世纪末，英国应用语言学专家M·威廉姆斯、心理语言学研究人员R·布尔登提出并建立起社会建构主义语言教学模式。社会建构主义认为学习过程中的建构十分重要，个体是学习活动的中心。社会建构主义思想是指人在和他人的相互作用中，建构自己的认识与知识。也就是说，知识和理解是认识主体建构的。任何形式的教学活动，最有价值的方面应该是提供给学生交互合作的机会，培养、激发和引导学生的自主学习。传统教学以学生被动接受、死记课本知识、教师为课堂主宰、学生个性受到严重压抑为特点。而社会建构主义语言教学模式提倡在教师指导下的以学习者为中心的学习。学生并不是外部刺激的被动接受者或者被灌输知识的对象，而是信息加工的主要参与者，是意义的主动建构者。

社会建构主义理论主张教师、学生、任务及环境四个元素位于相同的系统中，且始终保持动态发展的趋势，各个元素之间互相影响、互相作用。教师在教学中引导学生建构知识，设置任务，学生去思考、了解建构知识，完成任务。与此同时，课堂环境、学校环境和社会环境也会对学生产生作用。社会建构主义语言教学模式的目标是教学引导学生建构知识，不仅仅是传输知识；促进学生思考和了解，不再记背知识与技巧。建构模式是以做中学、谈中懂、写中通等多元互动的社会建构，摒弃传统聆听、练习等单元单向的建构。该建构模式图可理解为教师考虑如何设计问题与任务，如何引导进行交互，如何创造学习环境激发内在动机，如何分析、评价效果。学习是主观认知和客观知识相互作用的一个循环过程。学生通过交互，通过集体合作的方法来解决各类问题，建构自身的能力。

2.4.2 交互式教学在高级英语教学中的应用

交互是为了实现交际的目标而进行语言教学的重要环节。语言交互是一项确立输出者、接受者与情境三角关系的集体性协作活动。社会建构主义重视外语学习中的认知、情感和人格因素，视学习者与教师同等重要，强调环境与教师、学习者之间的交互关系。现代外语教育的三大原则是交际原则、认知原则和人本原则。社会建构主义理论框架下的交互模式正是体现出这三大原则，即在一定环境下，教师创造良好的学习环境以适应学生的认知能力、学习动机和个人情感。学生和教师通过交互方式完成相关的学习任务，培养学生建构知识的技能，进而提升所有学生的综合语言能力。

近年来，随着我国各大高校推行扩招计划，大班教学成为一种普遍现象，大量的研究者对大学英语教学模式进行了深入的研究，但却忽略了英语专业教学。

实际上，近年越来越多的工科院校开设了外语系，但由于师资力量跟不上节拍，专业外语教学尤其是高级英语教学已从过去每班 20 人增至每班 30 人甚至 40 人。这样的教学现状亟待配套的教学模式弥补其不足。社会建构主义强调社会交往和环境在建构中的重要性，英语学习在我国虽属二语学习，但专业学生拥有充足的语言课堂环境。学习者的语言能力在建构交互模式过程中发挥着重要的作用。由于英语专业高年级学生的外语能力基本上已经到达了高层次水平，这使得交互模式的建构成为可能。

2.4.2.1 交互式教学充分体现了教师的中介作用

我国教育部制订的《高等学校英语专业英语教学大纲》中明确指出高级英语教学应该重点关注培养学生的阅读技能和修辞写作技能，在此基础上进一步锻炼学生的语言基本功、培养学生的英语综合技能。因此探索科学、有效的教学模式对高级英语教师来说是一个挑战。在交互式教学模式中，教师起着主导作用。培养交互能力始终是语言教学的首要目标。学生群体的指导发现（GDCL）观有两条基本原则：

（1）教学过程应在相互控制的前提下按学生合作共享来组织。如交互教学，学生和教师轮流引导讨论。引导者的责任是总结、提问、解释、预测，换言之，即调节和监控学生的问题解决。

（2）科学知识不应该以成品的方式教给学生，而应通过学生的讨论、分享个人经验和执行一种研究活动去建构。指导发现中的学生群体就像是解决某个科学问题而聚集起来的协作研究群体，而教师的责任便是指导及校正学生的发现过程。

通过教师对学生群体的指导发现，学生能够更好地获取及运用知识，规划和监控活动的能力得到提升，学习动机也得到最大程度的提升。交互主要体现在双向交流上，在外语教学中想要促进双向交流就应激发与保持学生积极参与交互活动的兴趣。教师要了解兴趣是跟各种情感密切相关的，如保护自己免受刺激的思想，对同伴或权威人物的畏惧心理，希望超越别人、获得愉悦或成功的愿望。教师注意不到的种种情感因素都会激发或抑制学生参与交互活动的兴趣。因此，部分学者在高级英语课上就明确帮助学生分析主、客观学习条件，帮助学生树立信心。在教学过程中始终强调师生应为平等关系，强调课堂应该是畅所欲言、自由辩论的课堂，这对专业学生尤其如此。但是，教师应该从整体上对课堂进行控制，通过教师的语言教学行为，为学习者营建更加优质的语言学习氛围及交际氛围，帮助学习者认清语言任务的基本目标及意义，并对语言任务做出得体的、正确的、适宜的反应。

作为中介者，教师在课堂中发挥着重要的作用。课堂教学是最主要的一个教学环节，教学大纲的指导理念及基本要求只有通过课堂才能够得到充分的体现。利用课堂角色调整来促进交互式教学。例如，在讲授《新编英语教程》第五册第八单元“*Why nothing works*”时，考虑到课文难度大，学生在深层理解上有些困难，因此，教师设定任务，让学生备课，由学生上讲台讲课。在讲解第一段时，大家对 Murphy's law 争论不休，各持己见。每结束一部分，全班同学与教师对学生的课进行评论。最后，教师针对尚未讲解清楚的内容，进行进一步详细讲解。学生对教师的看法提出质疑，进而通过讨论的方式深层解析课本的深刻内涵。

维果斯基在其社会互动理论中重申教师的中介作用是运用语言工作来帮助学生解决所面临的各种问题，并完成相应的学习任务。因而，在讲授高级英语的过程中，教师对语言的使用起着重要作用。课堂提问式教学是专业英语教学中有效的教学方式，利用提问式的讲授来促进交互式教学。提问可以激励学生产生内在动力，激发学生对未知的思考。相关调查显示，高年级英语专业学生习惯于教师满堂灌输、学生被动接受灌输的模式。这种模式有悖于培养学生的综合技能的基本原则。相反，在课堂上多用提问式教学能够促进学生、教师与课堂环境之间的交互作用，体现出让学生建构知识和能力的原则。例如，《新编英语教程》第五册第八单元“*Why nothing works*”经过学生讲解第一段后，同学们仍然反映不太理解意思，这时教师可以采用递进提问式教学一环扣一环地将学生引入问题的要点，问题在交互式讨论中迎刃而解。针对 Why nothing works 这个问题，可以设计以下谈话：

Question：Why do the objects break down，fall apart or don't work？

Answer：Overuse，inferior quality，mishandle...

Question：Why do people overuse it？

Why the quality is inferior？

What leads to the badly made goods？

Who is responsible for the shoddy goods problem？

针对上述任务，全班分成几个小组进行集中讨论，各个小组提出自身的看法，教师对这些看法进行汇总，在交互式讨论的过程中理清文章的主题是生产者与消费者之间亲密关系的逐渐消失导致“nothing works”。在此种交互环境中，教师和学生共同完成某项既定的任务，实现了了解语篇深层次内涵的目标。

2.4.2.2 调动学生的学习动机，培养其协作能力和建构能力

社会建构主义模式认为不管是调动学生的学习动机环节，还是维持其学习动机的环节，均应该采取措施促使学生产生内在动力。传统的教学方式是教师在课堂上提出问题、解决问题、布置练习，学生在课下完成任务。学生的情感、动机

完全被忽略，建构能力的培养无从谈起。这有悖于社会建构主义的教育原则，即教会学生学会如何学习、发展学生的理解力和培养学生的建构能力。因此，在教学的过程中，我们将调动学生的动机及培养学生的个人建构能力视为主要的因素进行深层探究。在讲授《新编英语教程》第十一单元“*Cultivating a hobby*”前，让学生搜集大量有的各个方面的材料，分小组进行交流。通过图书馆、网络等渠道查找资料，学生的兴趣与动机被激发起来。小组讨论、协作性交流后，学生对Churchill其人有了深入的了解，从而也理解了Churchill写*Cultivating a hobby*这篇文章的宗旨。在学习课文的时候，每一组学生针对课本每一部分的内容提出质疑，讨论教师应该讲解哪些内容及写作技巧。在共同讨论的过程中，学生自主解决这些问题的动机便被充分调动起来。

教育部于2007年颁布的《大学英语课程教学要求》体现了先进的教学理念，提出个性化、协作化等教学模式应朝“个性化学习、自主式学习”的方向发展，培养学生的个人构建能力（personal constructs）。其中，个性化学习包括自主式学习、启发式学习与趣味性学习。《高级英语阅读》中的课文“*What life means to me*”是杰克·伦敦的作品。文中作者提到很多edifice、cellar、ladder、attic、parlor floor、pillar等与建筑有关的词，为了能让学生深刻理解作者思想，采用协作方式让每组学生画出这些词在楼中的位置，以立体方式启发学生理解作者采用analogy（类比）的意图。除此之外教师作为中介者，为学生设计任务，如欣赏Jack London的另一作品“*The Call of Wild*”，讨论Buck与Wild的关系，同时安排学生读Daniel Defoe的著作*Robinson Crusoe*，讨论Robinson与Wild之间的关系，引导学生对比不同国度不同时代的作品，启发联想，协作分析，从而全面地理解Jack London对当时生活与社会的看法。在协作过程中让学生把表达思想和建立人际关系结合起来，从而以协作方式体现个性化教学，以此培养学生内化外部知识能力（个人建构）和批判性思维技能（个性化）。教学材料的选择对激发学习动机、培养学生建构能力是必不可少的。教师在选择材料时尽量选择名家之作，如Churchill、Jack London、Martin Luther King等。学生在学习这些作者的作品之前，往往会主动阅读他们的名作，进而深入了解作者的写作手法及人生观，这不仅能够扩大学生的阅读量，还能够培养学生的建构能力。

大量的教学实践活动证实，社会建构主义理论前提下的高级英语交互教学模式具有较强的可行性，深受各个学生的喜爱。该模式克服以往专业英语教育的不足，主张重视学生的个性发展，着力培养学生的独力思维能力、创造能力及协作能力。尽管无论是对教师和学生而言，还是对任务和环境而言，高级英语交互教学模式均具有较高的要求，该模式在一定程度上满足了学生在认知、情感、动机等方面的需要，体现了当代外语教育的三个基本原则，对外语教学，特别是专业英语教学具有较强的指导价值。

3 高校英语学习策略

3.1 思维导图辅助学生英语学习的策略

思维导图（The Mind Map）又称作心智导图，是表达发散性思维的一种有效图形思维工具。其不仅操作简单，而且十分有效，是一种实用性较强的思维工具。作为构建、扩展认知图式和激活认识内部机制的一种可视化手段，思维导图辅助外语教学设计有助于提高学生认知能力、促进有意义的学习及记忆，同时还可以培养学生认知、社交以及记忆策略，减缓语言焦虑感，使学习效率达到最大化。本节重点探究思维导图在高校英语教学实践活动中的应用，以及它在学习策略培养中的辅助作用。

3.1.1 思维导图及其软件的基本知识

思维导图的理念是在“友善用脑”教育理念基础上产生的。在大量有规律性研究的基础上，新西兰的教育学家克里斯蒂·沃德提出了“友善用脑”的教育理念。该理念注重人的学习能力、创新能力的培养和学习策略的研究与应用。在友善用脑的环境下，学生成为教学的焦点。他们能够有目的地制定计划，有效轻松地学习。思维导图不仅是友善用脑教育理念中的重要部分，更是一种有效的学习辅助方法。把它运用到英语语言教学中，既能减缓学生语言学习的焦虑感，又能够有效地培养学生学习策略使用能力，从而提升学生综合运用语言的能力。语言学习策略是学习者所采取的特殊行动，这种行动使学习更加轻松愉快、更加高效、更加自主。融合学习策略的语言学习过程将会是有意义的学习过程。思维导图在语言学习策略目标构建中起着不容忽视的作用。20 世纪 60 年代，美国康奈尔大学的诺瓦克教授基于先行组织者学习理论开发了以节点代表概念、连线代表概念间关系的思维导图，并研究了思维导图在教学设计及促进学习者有意义学习等方面的作用。作为知识和思维过程的图形化表现形式，思维导图的广泛应用不仅为学生主动拓展并构建认知图式、调动学生认识发展过程中的内部机制等提供了一种可视化的方法，而且还为从事语言教学的教师提供了一种可操作性较强的教育技术。

思维导图是用图表的方式来组织、揭示和表述知识的一种工具。它通过图文并茂的表现技巧，将各级主题之间的内在联系用相互隶属、相互联系的层级图表现出来。思维导图具有人类思维的强大功能，充分利用记忆、阅读、思维的规律，为人们提供了一个正确且快速的学习方法与工具，促使人们提升自身的思考技巧，大幅增进人们的记忆力、组织力与创造力。思维导图是创新思维的核心，其作用是允许人们产生无限制的联想，使发散思维更具创造性。在学习中引入思维导图，能够有效提升人们的学习效率，增进人们的理解能力及记忆能力。思维导图具有极大的可伸缩性，它顺应了人类大脑的自然思维模式。它能够将新旧知识结合起来。学习的过程是一个渐进的过程。在学习和理解新知识的时候，新知识和原有的认知结构融合在一起，转变原有的认知结构，新旧知识或者概念之间建立起紧密的内在联系，助推思维的迁移。因此，能否在新旧知识之间建立联系是学习取得成功的关键。

思维导图作为"友善用脑"教育理念的有效方式，被应用于教育领域的各方各面。在教学中，尤其是语言教学中，思维导图有助于启发发散性思维，引导学生进行有效语言输出训练，加深理解所学或所感悟的东西。思维导图可以测查学生的认知结构，了解某知识领域的概念在学生头脑中组织的方式。在外语教学过程中，思维导图能够在很大程度上改进学生的思维方式，加速语言学习策略的使用能力，继而改进并提升学生的外语学习能力，缓解他们的学习焦虑感，培养他们的学习兴趣，提升他们的语言综合运用能力。

伴随着信息技术的迅速发展及工具软件的推陈出新，思维导图软件已经成为信息技术和高校课程教学相结合的一种有效方式。思维导图软件使友善用脑的新理念真正走进了课堂。Mindmaper、Mindmanager、Inspiration 等软件具备对任意两个节点创建层次以外其他类型关系的功能，能够可视化地把概念之间的各种关系清晰地展现在学生面前，为英语教学提供了有效的技术支持和手段。思维导图软件所具备的导入导出功能、各种文本图片插入功能、现场演示功能、超链接功能等凭借其可视化手段促进灵感的产生和发散性思维的形成，转变了以往的用脑方式，间接对英语学习过程中各种策略的培养起到一定的辅助作用，调动了学生的学习兴趣，改进了高校英语教学模式。

3.1.2 思维导图对学生英语学习策略的辅助作用

我国部分学者在 Oxford 的"语言学习策略测量量表"（SILL）的基础上，就英语学习策略问题对一部分大学新生进行了问卷调查及个人访谈，结果发现这一组学生的英语高考入学平均成绩低于 80 分，英语听说较差，其中有相当一部分同学在高中阶段从未做过听说训练。该调查旨在了解学生学习策略情况以及课堂教学对其策略能力的影响，进而希望通过构建新理念下的教学模式改善学生策略能力，同时为其他语言教师外语教学提供有益的参考。

从对学生英语学习策略的总体统计来看，学生整体使用策略的能力相对较低。其中，使用补偿策略的学生比例最高，使用认知策略、社交策略的学生比例较低。这说明学生在英语学习过程中，学习效率不尽人意。而使用调控策略即元认知策略的学生比例最低，这一点显示出学生在语言学习上缺乏确立目标、制订计划、策略选择、自我监控、自我评价、自我调整等意识和能力，究其根源是由于认知方式盲目、单一。由此可见，这些学生学习过程中缺乏主动性，学习策略知识贫乏，英语课堂焦虑，对英语失去兴趣，学习效率极低，很难在有限的时间内很好地掌握所学知识并提高语言的综合能力。除此之外，调查结果还显示学生使用记忆策略的比例相对较低，可见学生欠缺改善记忆的科学方法，以往单一的重复记忆法在大学阶段并未产生较大的成效。从这个层面上讲，学生应该学习一些新方法，提升自身的学习信心和学习能力。

通过个人访谈和跟踪观察，我们发现学生的学习积极性整体较低，这主要是因为学生没有掌握科学的学习方法，学习了多年的英语却未取得理想中的效果，这导致部分学生对英语学习产生焦虑感，进而丧失了学习的兴趣。而焦虑、无兴趣的最主要因素是课堂的语言输出不足。与此同时，大多数学生认为降低英语学习焦虑、提高兴趣，教师起着至关重要的作用，因而自身并不会主动进行改进。

3.1.2.1 思维导图有利于完善认知能力，能够培养学生的认知策略

思维导图辅助下的高校英语教学就是英语教师指导学生通过思维导图绘制出现有知识结构，引入新概念及整合知识体，拓宽认知图式。在构造思维导图过程中，思维导图节点及层级的多少都体现了学生构建知识及信息加工的过程，反映了学生了解世界、接收信息的过程。语言是人类认知能力的一种体现，是一种有意识、有意义的活动和过程。语言学习是通过感觉、知觉、思维、想象、注意、记忆等一系列心理活动来完成的，是人们在学习过程中对信息的加工以及对信息的感知、记忆和思维过程，这是一个复杂的认知过程。这一过程是人类思维对语言的一种特殊反映。认知策略是指学习者用于具体学习任务和活动的方法、行为，包括对语言材料的分析、转换、综合。认知策略包括练习、接收和传送信息、分析和推理、为输入输出信息建立规则等。在高校英语课堂教学中运用思维导图，在一定程度上改善了学生的认知方式，促使学生对各种学习策略进行整合，提升了学习效率。

例如，在讲解《新视野大学英语读写教程 1》中 *Face to Face with Guns* 这一课时，为了深化学生对“gun”的认知，深入理解文章主题内容，借助思维导图引入如何归类、演绎、利用关键词、拓展等认知策略。在课前导入部分，教师要求学生以小组形式就他们对有关枪的概念所能联想到的知识，通过思维导图表达

出来。在思维导图中，从同一层次的节点数目能看到学生思维的广度，从一个分支的长度能看到思维的深度，离中心节点近的是概括性认知，离中心节点远的图式反映的是认知的深度，表达的概念比较具体。在各组思维导图中，学生导图的相同点是在一级节点中均出现“police、criminal”的概念，这证实了学生对“gun”这个概念具有相同的基本认知。

教师应该指引学生主动构建并拓展与“gun”这个基本概念相关的认知图式，鼓励学生从认知发展内部机制的广度及深度上来解析这个概念。把新知识纳入或同化到学生原有的认知结构中，从而修正、丰富学生针对相应主题的认知图式。而学生通过教师的启发、引导，能够进行发散性联想，有意识确定新知识中的关键概念，并与自己头脑中的概念联系在一起，形成广泛联系的知识组块，完成知识建构。同时，学生还应会把该认知策略应用到以后的外语学习中，直至该策略进入程序性高级阶段，其使用成为潜意识活动。

3.1.2.2 思维导图有利于有意义的学习，能够培养学生的社交策略

教师以思维导图为指导性材料，通过图式的方式调动学生认知结构的已有知识，为学生学习新知识提供一定的概念架构，帮助学生认清所论述内容和已有知识结构之间的内在关系，“引发学习者能积极主动地把符号所代表的新知识与学习者认知结构中原有的适当知识加以联系的倾向性，为最终有意义地习得新的内容铺垫”。因此，有意义的学习务必要具备两个基本条件：一是学生表现出在新知识及自身原有知识之间构建内在联系的趋向；二是学习内容能够和学生原有的知识结构连接起来。

在英语教师的指导下，学生通过小组合作的方式来绘制思维导图。小组成员按照各自的思维（节点及连线代表的概念关系）来给同组学生讲述自己所联想到的相关故事，开展主题讨论，这可以在很大程度上提升学生的社交策略。学生借助思维导图一起进行归纳、总结，进行协作式学习。这里需要指出的是，合作过程中所产生的积极情感是高校英语课堂学习产生最佳成效的有力保证。学生相互之间以及学生与教师之间的消极情感会影响学生学习潜力的发挥，而积极情感能创造有利的心理状态。认知主义心理学家 Bruner 认为内在动机是维持学习的基本动力；学生所具有的互惠内驱力（即与人和睦共处的需要）是 3 种最基本的内在动机之一，它具有自我激励作用，并且效应持久，协调学生之间的关系，及时解除不良情绪的干扰。教学中设计小组合作任务，绘制出相关主题的思维导图，利用小组内融洽的关系，促使小组成员积极主动地进行交流。与当着全班学生的面回答问题相比，小组合作过程中所产生的焦虑程度更小，这大大提升了学生用英语进行表达的能力，不仅保障了轻松的学习环境，还确保了语言输出的质量。

3.1.2.3 思维导图有利于记忆，能够培养学生的记忆策略

大量的实践证实，思维导图有助于记忆，能够在一定程度上提升学生的记忆策略。认知心理学信息加工观点主张语言的感知、识别、加工及被提取的过程是一个信息的处理过程。感觉到的信息进入工作记忆，新信息经过与已知信息结合转换，保存在长时记忆里。思维导图借助概念意义之间的联系成为一种有效的记忆工具。相关研究证实，人们能够记住20%所看到的事物及40%所听到的内容，而那些既能够看到又能够听到、直接动手做的事情，人们通常能够记住至少75%。

词汇在大脑中并不是孤立存在的，而是以语义网络形式存在。有鉴于此，高校英语课堂教学中可以利用思维导图描绘出各个词汇之间的内在联系，指导学生重视记忆策略，并有目的性地将记忆策略运用到语言实践之中。构建记忆策略包括建立联系网络、运用形象和声音、认真复习等。思维导图在语言教学中可以通过建立词汇之间关系概念图式，激活学生关于某一特定主题的心理词汇网，绘制思维导图把词汇间的关系直观地表现出来，进行有效记忆。语篇是通过词汇间的语义关系而连贯起来的。借助思维导图，运用语篇中所包含的主题词汇，对语篇进行详细分析，这能够使学生更加直观、清晰地理清语篇的内在逻辑结构，掌握语篇的主题理念，构建各个词汇概念的内在关系，有效地记忆主题词汇并了解全文的内容。

总而言之，与传统的学习方式相比，思维导图在高校英语教学中发挥着一定的辅助作用。它促使学生有实际意义的语言输出范围更加广泛，让学生的思路变得更宽泛，思想更活跃，学生对学习策略有了更明确的认识。思维导图作为一个可以提高学习效率，促进思维扩展的工具，可以运用到越来越多的教学实践中。在高校英语教学中，教师应该在学生已有的认知结构和新的概念之间建立连接，把思维导图引入教学设计中，使学生实现从现有的语言认知发展水平提升到另一个更高的发展水平；同时在轻松的环境下友善用脑，提高学生对英语的学习兴趣，减缓甚至消除学生的英语学习焦虑感，改进并提升学生的学习能力，增强学生的策略意识，提高学生的语言综合运用能力，进而提升学生在未来工作中的整体职业能力。

3.2 学生认知、元认知策略调查分析

我国部分学者对一所普通大学内非英语专业的新生进行了调查，具体分析了学生对认知策略和元认知策略的使用情况。该研究以Flavell元认知策略理论为基础，围绕学生认知、元认知策略进行调查，试图在认知策略与外语应用能力及职

业能力之间寻找一个切入点，把认知策略、元认知策略引入外语教学实践中，旨在提高学生计划、监控和评估自己学习的认知、元认知能力，帮助学生管理、计划自己的学习；同时构建新的教学方法和手段，培养学生的创新思维能力，培养学生思考问题和解决问题的能力，加强学生自我监控、自我评价意识，从而培养、提升学生的未来职业能力。研究发现，这批新生在英语学习中使用认知、元认知策略比例总体偏低，沿袭了高中的学习模式，缺乏认知、元认知策略意识，策略能力较低。有鉴于此，研究者通过研究指出策略能力的练习及培养有利于提升学生的未来职业能力。

3.2.1 认知和元认知策略理论的基本知识

当前，学习策略仍旧是教育学及心理学的研究热点，这主要是因为其具有一定的社会意义。语言学习策略是第二语言习得研究的一个重要方面，它是指学习者在学习活动中有效学习的程序、规则、方法、技巧及调控方式，是能促进学习的任何外显行为和内隐心理活动的综合。认知策略（cognitive strategy）和元认知策略（metacognitive strategies）是第二语言学习策略（learning strategies）最重要的组成部分，也是对语言学习产生最直接影响的两大策略。其中，认知策略是指学习者在对学习材料进行分析归纳或转变过程中所运用的策略。元认知策略指学习者用一些策略去评估自己的理解、预计学习时间、选择有效的计划来完成学习任务。元认知策略的发展与学生自我调控、自主学习、自我管理能力及未来职业能力息息相关。1984 年，本杰明 · 布卢姆（Benjamin S. Bloom）提出了一个大胆的设想，即找到一种教学手段，既比个别教学经济，又能达到最佳效果。而要达到这一点，就必须改善学生的学习策略。这不仅能提高学生的学习效果，而且将使学生终身受益。以往的研究大部分关注认知策略和学习之间的内在联系，而极少关注认知策略对学生未来职业能力所产生的影响。

美国儿童心理学家 Flavell 于 20 世纪 70 年代提出了元认知理论，这个概念囊括了元认知知识、元认知体验、元认知监控三个方面的内容，这三个方面的内容紧密相联，相互影响，共同制约着人的认知活动。他认为："元认知是个人关于自己的认知过程及结果或其他相关事情的知识，以及为完成某一个具体目标或人们依据认知对象对认知过程进行主动的监控以及连续的调节和协调"。"元认知即对认知的认知"。Flavell 将元认知知识分为主体知识、目标任务以及监控（即策略的使用），其中元认知策略分计划、自我监控和自我评估三个步骤来实施；他进一步指出主体知识、目标任务将影响认知过程，元认知策略是调节和控制认知活动的主因，是保证认知活动完成的重要因素。其理论核心是强调学习者个体的自我意识、自我调控，要求个体对自身认知过程的意识进行监控、调整，从而达到自动化的过程。纽约州立大学教授 Anita L. Wenden 成功地把 Flavell 的元认知理论运用于二语习得。她认为“元认知最重要的组成部分就是学习者的自我效能感，即学习者个人对自己作为学习者所表现出的学习能力和学习效率的总体看法”。元认知策略对人们的思维活动及智力发挥着调节、监控的功能，因而其发展水平对人们思维及智力的发展水平起着直接的制约作用，继而对人们的未来职业能力产生一定影响。

在英语学习过程中，学生首先对学习任务进行系统性的分析，按照学习任务的内容、需要实现的学习目标、学习任务的难易程度等各方面因素，来制定与自身实际情况相吻合的学习计划，这便是认知策略、元认知策略的应用过程。除此之外，学生要有一定的英语学科基础知识，才可能有效地制定学习策略。英语学习策略的模型包含认知策略、元认知策略和英语学科知识。元认知策略总是和认知策略一道起作用，如果学生没有使用认知策略的技能和愿望，他就不可能成功地进行计划、监视和自我调节。认知策略是英语学习过程中不可或缺的一种工具，元认知策略在认知策略的运用过程中发挥着监控及指导的作用。这也就是说，教师可以指导学生使用各种不同形式的策略，然而若是学生本身所具有的无价值的元认知技能决定了其在某种状况下运用何种策略或者改变策略，那么学生便不会成为成功的学习者，也就谈不上未来职业能力的提升。因而，教师应该对学生学习策略的使用进行引导，以帮助学生学习。

3.2.2 学生认知、元认知策略的实证探究

通过相关调查，主要探讨了非英语专业学生群体在二语学习过程中的认知、元认知策略使用情况，有目的性地开展高校英语基础环节的教学设计，构建学生语言学习策略和未来职业能力之间的内在联系。问卷设计依据 Oxford 的“语言学习策略测量量表”（SILL），略有改动。问题回答设计为多项选择形式，一是从不（never or almost never true of me）；二是有时（somewhat true of me）；三是总是（always or almost always true of me）。

学习策略问卷调查开展于新生入学的第一学期，所发放的问卷全部回收。调查之前向学生介绍认知、元认知策略方面的基本知识，鼓励学生遇到不明白的问题时，进行提问，并告诉学生答卷不影响任何期末成绩，因此选择对自己的描述要真实。最后，研究者对调查问卷进行统计，得出下述几个结论。

3.2.2.1 认知策略和元认知策略的使用情况

调查结果显示该校新生在英语学习中整体使用认知策略的比例较低，学生对学习策略的认识尚不充分，欠缺必要的学习策略意识，学习策略能力相对较低，即在三个选择项中，“有时”占 51%，“从不”占 36%，而“总是”仅占 13%。这与其他学者对清华大学学生做的调查“绝大多数学生（75%）具有这个能力”

的结论不一致。这种差异性和各个学校的生源质量存在较大的关联，可见学习策略及学习成效之间存在着必然的联系。

在所有的策略中，“我尽可能学习英语国家的文化”及“力争寻找各种学好英语的办法”这两项元认知策略的使用能力相对较低。由此可见，学生未认识到学习策略在大学学习中的重要性。这一点说明学生在高中阶段更注重知识的获得，忽视知识运用技能和学习方法的培养，仍然遵循应付大学入学考试的传统学习模式，被动地跟着老师，了解老师要做什么，而不会主动地考虑自己在语言学习中的角色。学生缺乏为自己学习负责的意识，不重视自我评估这一环节，也不知道如何评价学习过程的有效性和结果的显著性，出现困难时往往不会自我调整。而大学阶段的学习策略，特别是认知、元认知策略，在学生未来的学习及工作中发挥着至关重要的作用，因而学生应该深入了解并熟练运用认知策略和元认知策略。需要指出的是，学生需要一定的时间才能够真正熟练掌握某种学习策略。

3.2.2.2 常用和不常用的认知、元认知策略

在分析调查结果的时候，调查者将所有的策略按照“从不”及“总是”所占比例由高至低的顺序进行排列，得出学生常用和不常用的认知、元认知策略的具体使用情况。“英语信息归纳策略”及“计划充足时间学英语策略”是能够加强学生应用语言能力的有效策略，而根据统计，这两个认知策略使用率很低，学生不经常利用此策略，即“总是”仅占 5.5%和 4.5%。究其原因，主要是因为高中阶段的教学仍然以教师传授、学生记忆和训练为主，仍有相当部分学校未进行教学改革，应试教育仍占主要地位，因而导致学生进入大学以后，仍然沿袭高中的学习方法；由于长期注重记忆、强化训练，这些学校对于第二语言学习也沿用同样的方法，结果是不能为学生提供使用英语的环境，导致学生认为除了考试，英语别无用处。除此之外，调查结果还显示“用英语提问问题策略”和“有明确的提高英语技能的目标策略”两项认知策略的使用比例相对较低，这表明学生习惯以外控为主的学习方式。这种方式在很大程度上降低了学生主动学习的能力，抑制了学生的自我监控能力及创造性思维的形成，对学生的整体素质产生不良的影响，这已经成为目前我国各大高校需要关注的一个普遍性问题。

在常用策略中，使用频率较高的是“避免逐词对应翻译策略”和“先略读后细读策略”。在英语学习中，教师对翻译及阅读的重视日渐增强，侧重于为学生传输此方面的知识。由此也能看出，教师在培养学生学习策略方面起着不可忽视的作用。

3.2.2.3 认知、元认知策略的培养及未来职业能力的提升

目前，大学生在大学学习阶段中往往仅仅关注学习结果，而忽略了学习过

程，不重视自身各方面能力的提升，出现眼高手低的不良现象；在大学毕业以后，缺乏职业要求所必须具备的策略能力、语言能力、逻辑思维能力及管理能力，在未来工作中困难重重。因此，大学阶段尤其是大学初始阶段应该重视教学中的策略能力及职业能力培养，加强认知、元认知策略能力。从这个意义上讲，英语教师应该以培养学生的语言尝试能力、学习策略能力、逻辑思维能力及其他职业能力为教学活动的基本思路，帮助学生树立自主学习的意识，提升学生的认知及元认知，培养并改进学生的学习策略，特别是认知策略和元认知策略，使学生渐渐完善自身的学习策略，为未来的职业生涯奠定基础。

在教学过程中，重视学生认知加工过程的同时，还要高度重视元认知能力的培养，让学生逐步学会采用适当的信息加工策略，促使学生更好更快地从外部控制为主向内部控制为主转化，培养学生对认知活动的自我意识与自我调节，使学生在学习过程中能不断评价学习过程，自我反思，并能适时地调整计划、选用恰当的方法，以保证任务的有效完成。现有的研究证实，在一定的基础知识上，学生对学习的自我监控水平已经成为影响其学习成效及未来职业能力的主要因素。因而，在高校英语教学过程中，教师应该从以下几个方面出发来提升学生的策略能力。

（1）在英语教学设计中添加策略相关的内容。调查结果说明，多数学生缺乏语言学习基本方法的训练，需要教师通过课堂教学循序渐进地训练学生。大量的研究表明，训练认知、元认知的主要方法是对学生进行专门的集中认知、元认知训练。例如，在学习中记笔记；在学习中利用图画、思维导图等非语言信息理解主题；主动复习并加以整理和归纳；主动规划、评价学习等。这些训练可提高学生认知、元认知的水平。在部分学者的调查中发现，大多数教师认为绝大多数学生没有足够的能力对自己的学习负责，教师在教学过程中引导学生为自己的学习负责，重视自我评估这一环节尤为重要。现在许多国外教材已经开始直接或间接地将学习策略融入课堂活动当中（strategies inserted into language textbooks），进而使学习策略训练进入语言课程。教师在教学过程中结合英语教学目标来设置具体的学习任务，将策略教学融入每一节课程中，提升学生的策略能力，这一点对普通院校非英语专业学生群体的意义更加重大。

（2）提升学生使用认知策略和元认知策略的意识性。教师对学生进行培训，通过小组讨论或者集中研讨等方式，帮助学生分析并了解自身的学习需求。英语认知、元认知策略训练的目标就是要清楚地告诉学生如何使用、何时使用、为什么要使用策略，从而帮助学生学习和使用英语。学习策略训练旨在通过明确地告诉学生如何发展他们的个性化学习策略系统（individualized strategy systems），来帮助他们探索更有效地学习目的语的途径，鼓励学生进行自我评估和自我指导。与此同时，强调策略与未来职业能力之间的关系。经过策略训练，学生更能意识到他们的个人学习需求；对他们自己的语言学习负起更多的责任；在课外更多地使用目的语，从而成为更加成功的学习者。通过增强学生的策略意识，学生更加重视策略和未来职业能力之间的内在联系，进而更加重视思索问题、解决问题、创新思维能力在未来职业生涯中的重要作用。

（3）运用在线学习（E-Learning）的方式进行引导，关注自我反思和评估。由于课堂教学的时间相对有限，教师应该设计在线学习的教学方法，以提高学生的策略意识，这不仅能够使学生具有利用英语获取、传输、处理和应用信息的能力，还能使学生实践各种策略方法，加强自我反思与评价能力，把策略方法作为支持终身学习和合作学习、工作的手段，为适应信息社会的学习、未来工作和生活打下必要的基础。我国部分学者在调查传统与非传统学习方法时发现，对学习成绩起关键作用的变量之一是学生的自我管理策略，而该策略的核心是自我反思与评价能力。通过教师指导、监控下的在线学习，培养学生的策略能力、创新能力，尤其是培养学生的思维能力和实践能力，使学生从外控为主的被动学习转变为积极求异、敏锐地观察、创造性地思考的内控为主的主动学习，提升自己的实践能力、组织管理能力、捕捉和处理信息的能力等。

高校英语教育应该成为学生未来从事相关工作而做准备的一个重要环节。不管传授何种知识，不管开展何种活动，均应该将培养学生的未来职业能力、提升学生的整体素质视为其最终目标，高校英语教学也应如此。培养学生的认知、元认知策略时，如果能够从以上几个方面真正实施，通过各种渠道共同发挥效用，将会产生意料之外的成效。

4 高校英语听力教学

4.1 语言迁移与听力理解

语言迁移（language transfer）是二语习得过程中的一种重要语言现象。对比分析理论主张语言迁移会对语言学习产生深刻的影响。负向迁移是研究者们的研究重点，但是正向迁移在语言学习中的积极作用也是不容忽视的。在语言学习过程中，语言迁移表现在二语学习中听、说、读、写等受母语不同程度的影响上，其中语言迁移对听力理解的影响和作用更应当得到足够的重视。从语言、文化知识、语用及认知模式层面，探讨语言正向迁移在听力理解中的积极作用，有助于提高听者的听力解码能力，同时对听力教学给以启发。本节主要从听力理解的角度出发，具体探究语言迁移对第二语言听力理解所产生的重要影响，及其对高校英语听力教学的启发。

4.1.1 语言迁移的基本知识和听力理解具体过程

4.1.1.1 语言迁移的基本知识

语言迁移方面的研究集中展示了近年来外语学习及教学领域中的研究方向。从语言迁移的历史背景来看，各方学者对其研究大体上经历了三个阶段：第一阶段，行为主义的语言学习理论占统治地位，迁移在外语学习中的作用已被意识到，成为对比分析理论的基础；第二阶段，受乔姆斯基语言理论的影响，迁移在外语学习中的作用被贬低，研究转向认知学说，即研究中介语；第三阶段，始于20世纪70年代末，迁移又被重视起来，被看作是一种策略。进一步探究迁移在外语学习过程中所发挥的作用，有利于了解外语学习者的心理历程，助推外语听力教学的深层发展。

中介语（Interlanguage）是和语言迁移存在紧密联系的一个专业术语。1972年，Selinker 发表了题为“*Interlanguage*”的论文，首先使用了 Interlanguage 这个术语，确定了这一概念在第二语言习得研究中的地位。中介语是在精通目的语之前使用的一种过渡性的语言，它表达不同但相关的概念，一是指学习者在某一阶段所建立的目的语知识系统；二是指由这一系列目的语知识系统相互连接而形成的连续体。语言迁移是中介语系统形成的中心过程之一，是中介语研究的重要内容。1972 年，Selinker 在“*Rediscovering Interlanguage*”著述中称语言迁移为中介语理论概念的精华，强调语言迁移对学习者建立目的语知识系统所起的作用。他指出语言迁移指的是在研究二语习得领域母语知识对目的语习得的影响。

20 世纪 50 年代中期，对比分析理论（CA）认为二语习得即习得一套新习惯，在学习新习惯的过程中旧有的习惯（母语知识）必然对新习惯（目的语知识）的学习产生影响。母语与目的语相似的地方促进目的语的学习，差异的地方便给语言学习者造成困难，且差异越大，困难越大。这种原有知识对新知识学习发生影响的现象称为语言迁移。语言研究者们均为语言迁移下了定义。其中，Robert Lado 认为“学习者往往将祖国的语言和文化中的结构、词义和词序转移到外国的语言和文化中去。”Faerch 和 Kasper 认为“语言迁移是一种语言心理过程，在此过程中语言学习者激发其母语知识在发展或使用其中介语。”

语言迁移细分成两大类，一类是积极迁移，另一类是消极迁移。当母语规则与目的语规则相同的时候，迁移为积极的，又称正向迁移；而当母语与目的语之间出现差异时，迁移为消极的，又称为负向迁移。对比分析理论认为母语的干扰即母语产生的负向迁移是二语习得中的主要障碍，是研究的重点。实际上，正向迁移和负向迁移在语言学习过程中发挥着同等重要的作用。

4. 1. 1. 2 听力理解的具体过程

听力理解的过程实际上指的就是听力解码过程。从应用心理语言学的层面上讲，图式理论在听力讯息解码过程中发挥着重要的作用。图式理论强调两种基本信息处理方式，即由下至上和由上至下。有效的听力信息解码过程应该是两种方式的交叉使用。在听力理解过程中运用已经具备的背景知识（包括已学过的语言知识），根据听力材料中提供的某些线索去预测和创造意思。古德曼（Goodman K）把这个过程称为“心理语言的猜测游戏（a psychological guessing game）”。已知的背景知识即母语语言、文化知识被利用到信息解码过程中，实际上就是母语有关知识迁移到听力理解过程中。当听者感觉输入信息与已知背景知识有极大相似性时（这里包括音素、词素、语法和语序层面），便出现语言显性迁移（overt transfer）即正向迁移，显性迁移有助于提高信息解码能力。语用迁移即“学习者的母语语言文化，语用知识对他们的理解、输出和第二语言语用知识的学习所产生的影响”。语用推理在听力理解中的运用也从另一个角度说明了听力信息解码过程。在听力理解过程中能够根据听力信息材料所反映的不同语境来确定说话者的真正意图，这个语境是一种心理建构体（psychological construct），不仅包括交际时话语的上下文、即时的物质环境等具体的语境因素，也包括一个人的知识因素，如已知的全部事实、假设、信念以及个人的认知力。此处事实上展现了已知信息（即语境知识）推理迁移到听力理解预测中，听者积极寻找所输入信息和说话者真实意图之间的内在联系，进而衍生显性迁移，这将会在最大程度上减少听力理解中出现的语用错误，减少与说话者真实意图相背离的现象，减少听力理解的难度。

在对语言迁移的研究中，认知语言研究的观点是学习困难并不总是由两种语言的结构差异所致，错误归咎于学习者的交际策略，而不是第一语言中误选的结构迁移。在听力理解中利用相应的认知模式策略进行听力理解对学习者来说也是相当重要的。由于人们的日常生活反映在语言表达上，人们的共同经历对各种文化语言必然产生影响。听力理解中的对话大多数是与人们的日常生活经历相关的内容，因而在听的过程中，学习者应该有效运用两种语言对认知环境的重叠性来进行听力理解，这将会大大提升听力理解的速度。例如：

John is ill, he is absent. 或 John is absent, he is ill.

在听到这样的句子时，把相应的母语认知模式代到英语中很容易理解为这是个不带连接词的原因从句。再如：

Please turn off the light before leaving.

听者即便未听清 before 一词，按照母语类似的认知模式，也可以推测出其真正意思。这是因为若是替换成其他词汇，从认知角度来看语义并不成立。

4.1.2 语言迁移在英语听力实践教学中的应用

虽然负向迁移是各方研究者探究语言学习的侧重点，但是语言正向迁移在英语学习中的积极作用也是不容忽视的，它反映了语言之间存在的共同特性。如从语音层面上讲，汉语中的声母就相当于英语中处于音节开头的辅音，韵母就相当于英语的元音，kite/kait/、toe/tou/、make/meik/。从语义的角度来看，英语和汉语之间存在一定的共性，如 black 这个英语单词的大部分义项和汉语意义相同。

（1）黑色——颜色　　a black cat;

（2）黑暗——无光　　a black room;

（3）秘密——不公开　　a black list;

（4）邪恶——狠毒　　the black art。

尽管此种单词一对一的现象在深入的英语听力学习过程中会渐渐减少，然而在初始阶段中，学习者可以通过将汉语的基本对等词迁移到听力理解中来缓解听力解码上的负担。听力篇章理解较阅读书面材料容易、语法系统与句法系统也较为简单，因此可将母语语法系统迁移过来，弄清基本词义，完成听力理解。

从句法层面上讲，陈述句、否定句、特殊疑问句、感叹句甚至有些复合句英语与汉语在结构上大致相同。例如：

He often helps me study English. 他经常帮我学英语。

What terrific cars! 多么好的车！

Who is coming to give lecture? 谁来给我们上课?

类似这样的句子在听力理解中并不会为学生带来较大的阻碍，学生的注意力极易被吸引到更高的层面上，这将会大大提升信息解码的速率。

正向迁移往往发生在两种语言之间的联系较密切的情况下。虽然汉语和英语这两种语言之间通常存在较为明显的差异。但是如果语言学习者具有一定丰富的母语知识和英语知识，完全可以在听力策略和技巧上产生正向迁移。听力理解过程需要调动听者的语言知识系统和非语言知识系统，包括语言的系统知识、图式知识和语境知识等。一个成功的听者能把使用语言知识系统和非语言知识系统的过程有机结合起来以便最有效地获取信息。当听者未能全面地掌握此类综合知识时，听力技巧与策略对听者来说尤其重要。听母语时，我们不自觉地对进入听觉系统的信息进行积极的预测、筛选、释义（interpret）和总结等一系列加工策略。在听英语的时候，虽然受到与母语差异较大的单词及句型的制约，英语听力理解的过程仍旧和母语较为相似，特别是在听者的英语水平达到中级以上之后，这种情况会更加明显。听者把母语听力策略和技巧迁移到英语的听力理解中，可以提高听力理解能力。在听力理解中增加正向迁移减少负向迁移对听者来说也是一种策略。例如，从语音层面上英语中清辅音和浊辅音分得很清楚，而汉语中区别不明显，有些人常常把［t］读作［d］，［l］读作［n］给听力理解造成困难，有些学习者常把 think 读作/sink/。又如汉语重音常常落在两个以上音节词的最后一个音节上，于是学习者常常把“dining-hall”读作“dining-'hall”，所以听到“dining-hall”时，一时不知其意。我们如果了解这些负向迁移现象的存在，便可以事先加以纠正，从而减少负向迁移对听力理解的影响，增强听力解码能力。

综上所述，克服负向迁移的不良影响，充分发挥正向迁移所带来的积极作用，将会在很大程度上提升听者的听力水平。

4.1.3 语言迁移对英语听力教学的启示

语言正向迁移在高校英语听力教学中发挥着至关重要的作用，因而教师在教学过程中，应该注意两个方面的问题。

一方面，要培养学生的综合知识能力，即运用语言知识系统和非语言知识系统能力。由于说话者的意思并不完全存在于他们使用的语言材料中，因此听者得调动自己整套知识结构（包含语言性和非语言性知识结构），方可重建信息。教师应让学生充分运用自己的基本知识和背景知识来协助完成重建信息的过程，使学生将这些信息（知识）迁移到听力理解中，提高预测及理解能力。

另一方面，有目的地培养学生的语用能力，为学生提供运用所学听力策略及技能的场合，使学生认识到听力策略和技能的可迁移性。同时教师可以在课堂上给学生以示例加以演示，必要时专门为学生讲解语用学方面的知识，增加学生在听力理解中使用语用推理策略的意识以及该策略能有效迁移到听力理解中的意识。

除此之外，虽然要重视正向迁移，但也不能忽视负向迁移的作用。教师应系统地对外语听力中常见的负向迁移现象加以总结、综合，在授课过程中使纠正与训练同步。

尽可能减少语言负迁移对英语听力理解所造成的负面影响，积极促使正向迁移对英语听力理解发挥积极作用。这样，不仅能够有效提升学生的解码能力，还能够在一定程度上改进及优化高校英语听力教学。

4.2 图式理论与高校英语听力课

传统的高校英语听力课程中，教师往往通过一系列的听力测验来锻炼学生的听力能力。例如，在课堂中，教师播放相应的录音磁带，学生尝试通过自身的理解进行练习，而后教师以“正确”答案的方式予以反馈。这样的教学方式不是在帮助学生提高听力理解能力而是在测验听力，其结果往往偏离了实际对大学英语听力课的要求，导致一些学生对听力课的兴趣大大降低，甚至使他们失去了提高听力理解能力的信心。这是因为许多教师把听力理解看作单纯的技能训练，即仅仅视听力理解为一个接收信息的被动吸收过程，把学生当成接收信息的“收容器”。实际上，听力理解并不是单纯的被动接收知识，它需要关注学生的主动性，且学生的主动性在听力理解过程中发挥着更大的作用。学生在听力理解过程中需要激活头脑中各种各样的知识，充分发挥其认知力去理解说话者的意图。这里说的“各种各样的知识”包括语言知识和生活经验，即背景知识，又称为图式。它是听力理解能力提高过程中不可忽视的主要因素。图式对听力理解作用的理论即图式理论。图式理论应用于大学英语听力课堂教学中有助于改变传统被动的教学模式。学生在听力理解中利用图式能充分发挥其主动性，从而提高听力理解能力。本节首先详细阐释图式理论的相关内容，而后探究图式理论在高校英语听力教学中所发挥的重要作用，以改进高校英语听力教学方法，提升学生的听力理解能力。

4.2.1 图式理论的相关内容

图式理论是认知心理语言学家用来揭示人们心理理解过程的一种理论，具体指的是以围绕某个特定主题组成的知识的具体表现形式及贮存方式为基础的理论。图式理论于 1781 年首先由心理学家 Kant Immanuel 提出，其发展则归功于英国著名心理学家 F. C. Bartlett。他这是因为 F. C. Bartlett 在著作“*Remembering*”中进一步对图式理论的内涵进行了深入研究。直至 20 世纪 70 年代后期，图式理论才真正得到社会大众的认可和接受。

美国人工智能方面的专家鲁梅尔哈特（Rumelhart）主张图式理论是一个抽象的、与人们所具备知识有关的理论，简单而言，便是与图式应用相关的理论。他认为“图式是人们所有一般知识的总和”，他把图式理论称为以等级层次形式储存于长时记忆中的一组“相互作用的知识结构”，或“构成认知能力的建筑砌块”。图式是指每个人过去获得的知识在头脑中储存的方式，是大脑对过去经验的反映或积极组织，是被学习者储存在记忆中的信息对新信息起作用的过程及把这些新信息丰富到学习者知识库中的过程。“可以这样认为，我们所具有的图式就是我们所具有的知识”。人们头脑中储存着各种各样的图式，例如去餐馆用餐的图式、去电影院的图式、逛市场的图式等。人们在理解新事物的时候，需要将新事物与已知的概念、过去的经历联系起来。对新事物的理解和解释取决于头脑中已经存在的图式，输入的信息必须与这些图式相吻合。Carrel 和 Eisterhold 把图式理论定义为“有关背景知识在语言理解中的作用的学说”。该理论强调，人们在理解、吸收输入信息的时候需要将输入信息与已知信息（或概念）即背景知识联系起来。新输入信息的解码、编码都依赖于人脑中已有的信息图式、框架和网络，输入信息必须与这些图式相一致，才能完成信息处理的系列过程，即理解过程，也即图式具体实现过程。图式是一种抽象的囊括空当的知识结构，其每个组成都被视为一个空当。当图式空当被充裕的具体信息填补的时候，便表示实现了具体图式。

图式理论重申了两种最基本的信息处理方式，一是由下至上，二是由上至下。前者指输入头脑中的信息起始于最基本的具体图式，这些具体的图式合成较大的高层次图式，从而激活头脑中较大的图式发生作用，即下一级图式引起上一级图式的活动，这是一个从部分到总体的过程，该方式也称“材料驱动”。后者指头脑中的高层次图式预测或者预期输入的信息，并对这种信息予以肯定或否定。“由上至下”的方式加速信息的吸收或同化，有助于听者消除歧义，该处理方式也称为“概念驱动”。这是一个从总体到部分的过程，即通过输入的某些信息去激活所需背景知识，活动起来的图式带动下一级图式也活动起来，对下一级图式具有预期作用，就像某种情景的出现会在头脑中浮现此情景的许多具体内容及所延伸的其他情景一样，然后对信息内容进行总体预测。

在高校英语听力理解的过程中，由下至上的方式表现为听者广泛关注各种语言信息，如单词、音节、词素、词组等具体信息的听力辨析及具体图式的运用。我们可以通过以下例子进行具体论述。

Woman：Excuse me. Dr. Adam. Could you please explain about temperature and road conditions again?

Man：Very well，as soon as I've checked these figures on the board and assigned tomorrow's homework.

Question: Where does this conversation most probably take place?

a. In a doctor's office.

b. In a classroom.

c. In a conference room.

d. In a video store.

按照 Woman 的话语，我们并不能辨识出对话的具体地点，然而通过 Man 的话语中的具体信息“board”和“homework”，我们按照脑海中现有的图式便能够确定该对话和教室相关，因而得出正确答案 b。

“由上至下”的方式注重高层次图式的运用，如提到“去餐馆吃饭”马上会想起这样的图式，即就座、看食谱、点菜、吃主餐、付账、给小费、离开餐馆等，即更多地利用大脑已有的背景知识来分析、处理新输入的信息，达到理解的目的。

图式的激活便是学习者通过所接收到的部分信息来判别该信息可能涉及的内容，同时从自身脑海中所储存的图式中提取适宜的背景知识来帮助听力理解，也就是说学习者所听到的具体信息能够激活他们脑海中有关知识的图式，这有利于学习者预测下一个听力环节可能出现的情景。听力理解的过程就是已有知识和输入信息内容之间相互作用的过程，这种相互作用由两个同时起作用的激活过程引导，即由上述两种信息处理方式引导。总之，图式的激活是多层次的、反复的，只有激活正确的图式才能帮助学生正确理解听力信息，而激活错误的图式则会降低理解速度，导致理解困难。

4.2.2 图式理论对高校英语听力理解所产生的作用

心理学相关实验证实了图式对英语听力理解发挥有重要的作用，这种作用集中表现在以下几个方面。

（1）图式为理解所输入信息提供参照和向导。在听力过程中输入的信息内容与学生头脑中的图式交汇融合，构成新的具体的图式，从而完成听力理解过程。

（2）图式有助于学生在听力过程中考虑语境、排除歧义、准确判断。

（3）图式有助于学生对上下文的预测。目前在大学英语听力课上大多采用的是“由下至上”的方式来理解所听到的信息，学生们采用的解码手段是注重所听到的具体信息，如单词、词组等，然后逐渐过渡到对句子、段落、篇章的理解。这种方式导致学生极其容易停留在某个熟悉但一时想不起来意思的单词或者其他的细节上，这不仅会对听力的速度产生不良的影响，还会妨碍到学生对整个段落的充分理解。在这种情况下，学生在听的过程中难以及时得到信息反馈，被动地接收信息，久而久之，学生感到无所收获，兴趣索然。但是如果把图式运用到听力课中，效果明显不同。部分教师曾在辅导大学英语四级听力时作过比较，发现同样的一套大学英语听力试题，让学生直接在20分钟内做完和先做30分钟的背景知识解释，然后再做题，其结果明显不同。由于后者在做题之前将每一个题项相关的背景知识均进行解析，激活或调动脑海中各类图式，在这种情况下，学生能够同时使用"由下至上"及"由上至下"的信息处理方式，因而理解的精准率比前者要高得多。

图式理论认为应该综合采用"由下至上"及"由上至下"这两种方式来分析和处理所输入的信息，这样能够充分调动学生的主动性，学生所理解的内容也更加全面。当学生根据被激活的背景知识对信息进行预测时，其注意力主要集中到可能与图式有关的信息内容上，从而对信息内容有一个整体的了解，而不是仅仅停留在表面上或只注重细节，从而易于达到"深层理解"。

从心理语言学的层面上看，图式的激活是人们思维理解过程中的准备阶段。所以，听前激活学生头脑中的有关概念和经验非常重要。一般来说，听前学生常常处于紧张状态，当激活了背景知识后，学生有了一定的准备，减缓了紧张心理，同时限定了将要听到的话语的范围，学生可以主动把注意力集中到输入信息内容上，较少地注意每一个音素、音节、词、短语。输入信息前图式的激活能使学生做出预测，保证整体理解。相反，如果未激活图式，学生将会处于被动的状态，难以将输入信息和现有知识有机融合在一起，盲目地接收信息，听力理解将受到阻碍。

4.2.3 图式理论在高校英语听力教学的应用

通常情况下，高校英语听力课可以细分成三个节点，即听前的热身阶段、听力理解阶段、听后巩固阶段。

4.2.3.1 听前热身阶段

听前的热身阶段即在开始听力理解活动之前学生讨论可能出现的主题及对主题的认识。对学生不太了解的地方如可能出现的特定文化特征，教师可以给学生提供背景知识，帮助学生建立新的图式。提供背景知识的方法可以是预讲、预试和课堂讨论。例如，《大学英语听力》第四册第二课中的第二个短文"*Education in the U. S. A.*"，教师在听前可以预先介绍美国教育，使学生建立有关"美国教育"的新图式，也可以听前测验学生对此的了解，激活学生已有的相关图式，还可以开展短暂的课堂讨论，建立正确的图式。通过这种方式，学生能够利用已知的图式来预测内容范围，提高理解的准确性。在这个阶段中，教师的主要任务是帮助学生激活脑海中已有的图式，同时构建新的图式，对需要输入的信息进行预测，为下一阶段的听力理解做准备。通常情况下，学生激活的图式越多，听力理解阶段便会越主动。

4.2.3.2 听力理解阶段

听力理解阶段中，教师应该引导学生运用已经激活的各类图式，采用“由下至上”和“由上至下”相融合的方式来对所输入的信息进行解码。首先，教师可以鼓励学生利用高层次的图式，通过文章的题目、问题中的选择项、文章的词汇或图片等内容来激活各种图式，进行“由上至下”的预测。然后，教师引导学生结合“由下至上”和“由上至下”两种方式进行理解，以便检验、证实先前的预测。同时要求学生仔细听辨关键词、关键句子，以达到整体理解。例如，《大学英语听力》第一册第八课的短文“*Can We Help You*”有这样一段话：“... It was dark. Then Mrs. Jones said, look, Bill. A woman is running along the road very fast, and a man's running after her——”听到这里，学生几乎都有这样的图式：一个漆黑的夜晚，琼斯夫妇看到一位妇女在街上跑，一男子跟在后边，这个男子可能是个坏人……然而，此短文并没有表达出这个层面的意思，这只是学生通过激活脑海中的相关图式，按照图式来理解文章的深层内涵。短文接下去的语句是：

“He drove the car slowly near the woman and said to her, ‘Can we help you?’ ——No, thank you, the woman said, but she did not stop running.”

此时，意思便发生了变化，这就要求学生激活其他图式，以实现整体内容的统一。其他图式促使学生集中注意力听下面的关键词或句子——“always run home, the slower, washes the dishes”。在这个过程中，学生持续激活各种相关的图式，来证明或验证自身的预测，最后实现精准理解听力内容的目的。

4.2.3.3 听后巩固阶段

听后巩固阶段也是一个相对重要的阶段。经过教师总体上的解释、回顾、总结，学生对信息的进一步理解得到加深，同时他们能够把刚获得的有关背景知识储存到长时记忆中，充实、丰富头脑中的图式，为进一步的听力理解做准备，因为“长期记忆中的语言知识和非语言知识，对理解至关重要”。这样，一方面学生主动利用两种信息处理方式进行听力理解的能力得到了提高；另一方面学生对听力课的兴趣也得到了增强；同时还将听力教学从以往的以“词、句”为中心转变到以“语篇”为中心上来。久而久之，学生充分发挥自身的主动性，熟练运用这种方式，其听力理解更迅速、更准确。

总而言之，将图式理论应用于高校英语听力课中，使图式理论潜在的优点在课程教学实践活动中得到重新展现，将会促使传统被动式的教学模式发生质的变化，进而不断提升学生的听力理解能力。

4.3 高校英语以听促写的行动研究

以听促写是高校英语教学的一个重要环节。行动研究（Action Research）是针对自己教学中的实际问题开展行动性、参与性、探索性、反思性、循环渐进性的系统性研究。作者及同行通过分析大学英语教学中存在的问题、设计解决方案，并对教学进行评价和反思，开展大学英语以听促写、提高学生思辨力的行动研究，使大学英语教学通过课堂实验研究来提高教学效果。

根据新的《大学英语课程教学要求》，大学英语的培养目标是培养学生英语综合应用能力，特别是听说能力。针对新的培养目标研究者们重点对大学英语综合技能中的听、说、读、写分别进行研究，尤其是对听说能力提高进行研究。有针对性的研究确实对大学英语教学起到了促进作用，然而将各项技能结合起来，针对教学中的实际问题开展行动性、参与性、探索性、反思性、循环渐进性的系统性研究更能有效地改善英语教学，达到课程教学要求。因而，更加具有实用性和可行性的行动研究逐渐受到高校英语教师及相关研究者的广泛认可和接受。

4.3.1 行动研究理论的基本知识

行动研究于20世纪上半叶在国外产生，具体指的是以某些行动对组织系统的影响为主要对象的研究活动，是一种备受瞩目的社会科学研究方法。“行动”是指实践经验者用以改造实践的活动，“研究”是理论家为探索知识而进行的活动，两者有着较为严格的界线。最早将“行动”和“研究”合二为一提出“行动研究”概念的是美国人柯立尔（Colier）和勒温（Lewin）。他们认为研究的结果应该为实践者服务，研究者应该鼓励实践者参加研究，在行动中解决自身问题；同时认为“将科学研究者与实际工作者的智慧能力结合起来，解决某一实际问题的方法”，就是行动研究。在西方，20世纪80年代末、90年代初，行动研究在二语研究中开始得到应用。世界知名学者杰克·理查兹（Jack · Richards）指出：“（在教学领域，行动研究）是指教师主导的课堂研究，旨在提高教师对课堂教学的理解以改进课堂实践。”行动研究是以解决现实问题与改善现状为目的，具有行动性、参与性、探索性、反思性、循环渐进性特征的研究，即“做中学，行中思，知行合一”。Nunan 指出：“行动研究是一种自我反思式的调查，目的在于解决问题、改善实践或提高认识。”由此可见，在行动研究的过程中，教师不单单是实践者，还是研究者，这就要求教师从已有的教学环境出发，以自身所掌握的教学理论为基础，通过反思教学过程，提出问题、分析问题，并提出对应的解决方法。我国部分学者认为在实践中探讨新方法，提高和改进教学，提高对教学目的和学习过程的理解和认识，其结果是教学的改进和教学实践更深入的发展。教师要想从真正意义上理解行动研究的真谛，还需要在自身参与研究的过程中对行动研究进行深入探究。

Kemmis 和 McTaggat 提出行动研究最基本的特点就是将“行动”和“研究”相结合，在实践中验证理论、提高教学，并提高对课程、大纲、教学和学习的认识，其结果是解释和验证现行的教育理论，从而提高教学效果。总之，大多数学者已经认识到行动研究的基本过程是一个螺旋式循环的过程，每个螺旋式发展均囊括了“计划—实施—观察—反思”这四个互相制约、互相影响、互相联系的基础环节。

4.3.2 大学英语听力、写作教学的现状和行动研究的必要性

《大学英语课程教学要求》在重点关注培养学生英语综合应用能力的同时，还强调培养学生的听力能力及书面表达能力。但是，当前大学英语听力、写作教学仍然是大学英语课程的薄弱环节。有很多学生反映经过几年的英语学习还是听不懂、写不出、写不好。近年来，英语听力普遍被忽视，而且往往与英语中的其他技能孤立开来。在听、说、读、写四项基本技能中，写作是应用性最强、综合知识面最广、训练难度最大的项目。学生写作依靠母语思维，母语思维参与二语写作的全过程，母语在二语写作中产生了正面和负面的双重影响；学生写作句法单调，过度使用某些词汇，表现出较强的口语文体特征，语篇模式受母语思维影响特征显著，语体意识不强。除此之外，据调查与了解许多大学英语教师在对待英语写作方面有两种错误的倾向，其一是把写作教学简单化，认为英语写作教学仅仅是一个“布置写作任务—批改作文—发放作业”的一体化过程；其二是在教学的过程中，大学英语的作文练习和测验的题目往往较为单一，模式基本固定，这和语言的实用性存在较大的差异，测验材料也欠缺真实性。英语写作教学的难度较大，费时、费力且见效慢，在应试教学的影响下，“大学生的英语写作没有取得相应的进步和应试教学轻视写作有关”。由于大多数教师对英语写作教学的投入力度不够，写作教学模式普遍较为单一，欠缺创新及互动，因而难以激发学生在写作方面的积极性。

4.3.3 高校英语以听促写的实证研究

本节通过相关学者在大学英语教学中所做的“以听促写”教学行动研究的实验和分析，就行动研究在大学英语教学中以听促写、改善学生思辨能力进行可行性研究。通过这方面的研究，深入探究行动研究在大学英语教学中的应用、创新和大范围推广的可行性。

4.3.3.1 行动研究在高校英语以听促写中的应用

行动研究是一个螺旋循环的过程，包括计划、行动、观察分析、反思等环

节。具体而言，相关学者在探究行动研究在高校英语以听促写中的应用时，按照以下三个步骤进行研究。

第一步，通过实地调查，发现英语教学中存在的问题。学生高考入学英语成绩 70~90 分占多数，基础弱，听与写的能力较弱，而且英语学习积极性不高。本地生源占多数，他们的英语基础相对较弱；而外地生源高考分数较高，但听力水平较低。学生普遍存在被动学习、缺乏思想的问题。

第二步，提出假设。对听、写的能力重视不够；写作模式单一，缺乏创新性；学生听、写较为被动；学生缺乏思辨能力，不会独立思考。

第三步，初步调查。观察往届学生入学英语情况并进行新生入学测试。开学之初，进行新生入学摸底考试，了解学生英语情况。同时给学生布置作文，批阅后发现作文中语法错误较多，模式、句式单一（与高考培训有关），缺乏自己的看法，可以看出学生思维受范文的影响较大。访谈的目的主要是为了发现问题以便及时调整计划，访谈共进行两次，研究前一次，研究结束后一次。访谈问题主要针对学生在课堂上的积极性较差，听不懂教师所教授的内容，写作的时候所使用的语句千篇一律，或者根本写不出句子，没有思想等。

经过初步研究之后，研究者发现当前学生在听力、写作方面仍旧存在较大的问题，这为下一个环节以听促写行动的实施提供了实践支撑。

4.3.3.2 以听促写行动方案的实施

A 第一阶段的行动方案

针对学生听和写能力较弱、积极性不高的问题，研究者转变了听力教学方法，改变了以往“教师播放录音、学生回答问题”的单调模式，将听和输出有机融合在一起。在课堂上要求学生复述短对话，加入相关文化视频，要求学生以组为单位，讲述所看到的内容，培养学生的兴趣，为以听促写打下良好的基础。具体而言，将贴近生活的题材如新闻视频引入课堂，听的过程中引导学生进行批判性思维，逐渐培养学生的思辨能力；要求每次精读课有一名学生做演讲，演讲内容可以是与课文内容相关的任何形式，然后要求全班学生就内容、语言、体态语等进行评论，引导学生进行批判性思维；将学生结成对子，互相写信，谈谈身边所发生的事情、自己的感受等，让学生有东西可写。这里需要指出的是，由于课堂的时间相对有限，这就要求学生课下还需要通过网络学习室来训练自己的听力，训练内容包含课本上的内容和教师布置的新闻视频内容。教师需要详细记录每一位学生课下上网学习的时间，作为形成性评估成绩的一个参考。

第一学期期末考试初步采取以听促写的尝试。在最后八周课外给学生提供八个音频，根据音频让学生自己确定主题并写出主题突出的作文，字数不少于100 字。

研究者发现经过一个学期的学习，学生在听力、写作方面有了显著的提升。学生对英语学习有了明确的目标，听力成绩有所提高，思辨能力、写作能力有所改善；学生有了批判性思维的意识，有东西可写，有感可发，同时也增强了学生之间的合作意识，课外网络学习对学生提高英语应用能力起到了辅助作用。然而，研究者也发现了一些问题，譬如学生强化训练相对较少，拼写错误相对较多；通过反复听八个音频，学生的听力有所改善，能够提前准备作文，所以大多数学生的作文都比较完整，但在评估方面，由于学生提前准备作文，所以无法科学地评判每个学生的写作水平；网络自主学习由于是按学生上网时间来记录成绩，所以，有一部分学生挂到网上就去干别的事情了，课外学习效率不高。通过访谈，研究者还发现工科类学生学习英语仅仅是为了应付考试，并未制订长远的学习计划，并未认识到英语学习的必要性，片面认为自己未来从事的工作和英语并不会存在较大的联系，这就导致这些学生在提升自身英语听力的方面动机不强，学习的积极性较低，英语成绩提升的速度也较慢。

B 第二阶段的行动方案

针对第一阶段发现的各种问题，教师按照电子邮件、访谈记录、学习日志、学生作业、水平测试等信息来源进行广泛的讨论，并对教学方案进行相应的调整。首先进行4~6次各种英语听力方面的讲座，让学生正确认识英语与其专业的关系，并能够自主制定长远的计划。在课堂教学中加大学生思辨能力的培养力度，同时增加课堂听写训练，强化听力，减少学生拼写错误。学生普遍反映学习自控力较差，要求教师多监督，因此教师加大了各种听写及背诵练习，并将结果记入平时成绩。每个单元要求学生根据音、视频进行写作，围绕一定的主题把自己的想法写出来。学生的作文不再是千篇一律、没有思想的文章，而是充满思想、充满感情、体现出一定思辨力的文章。改变学生网络自主学习评价方式，给学生提供课外音频训练的同时出试题，记录学生实际成绩。期末测试的时候，不再通过为学生提供音频的方式进行测验，而是要求学生直接按照音频进行写作。通过这种方式，促使学生在课下主动去听一些具有一定难度的新闻类音频，这在很大程度上训练了学生的听力能力和思考能力。

经过这个阶段的教学，学生在听力、写作、思辨能力等方面均出现了显著的提升。课堂听力训练准确率提高了，拼写错误减少了；课堂上学生能够有见解地发表自己的看法，较以往沉闷的课堂有了很大的改进。期末考试作文是根据所听内容从不同角度选择主题进行写作，虽然这种以听促写的模式有一定的难度，但学生确实交出了令人满意的答卷，教师们对学生的作文给出了很高的评价。有一位阅卷老师说："没想到学生的思路如此宽阔，有些主题连教师自己都想不到"。教师们对学生所写作文的整体水平极为满意。

4.3.3.3 行动方案所产生的成效

通过上述行动方案的实施，研究者发现学生的听力、写作都有了很明显的进步。为了进一步说明以听促写行动研究对学生思辨能力、写作能力的促进作用，研究者利用 SPSS 17 软件对工科学生在第一、二学期的作文成绩进行了统计。结果发现第一、二学期中，工科学生作文平均成绩与工、商科学生整体平均成绩相比，存在明显的差异。

同时，通过行动研究方法，高校英语教师也受益匪浅。行动研究方法是英语教师进行专业发展必不可少的能力。一方面，通过在教学活动中主动计划、检查、评价、反馈及调整自身的教学行为，教师既找到了教学自我完善的有效途径，又发现了研究中的一些实际问题。这是因为行动研究是建立在教室和教学习惯的社会背景基础之上，直接研究日常教学实践中有意义的问题。另一方面，因为教师是整个过程的主导者，而不是偶然的参观者。行动研究为教师提供了一个更值得参与研究的机会。通过独立研究和思考，高校英语教师初步掌握英语教学中的科研方法，学会设计小型的科研课题，学会进行课堂观察、设计问卷、写教学日志，学会收集和分析数据等。通过行动研究，教学和科研成为一个统一体，教学持续向科研提出新的问题，而科研成果也反作用于教学。

这里需要指出的是，在高校英语教学过程中开展行动研究还需要关注以下几个问题：

（1）有针对性的研究，选择适当的题目，题目不宜偏大，题目应来自实践教学中所发现的问题。

（2）研究过程中要随时对计划进行调整，不断地反思、评价。

（3）教师的协作在行动研究中起关键性的作用。

行动研究是教师通过自身所开展的课堂教学现象进行深层次观察及研究，从中获得知识、完善教学方法的一种探究性活动。它把课程、教材、教法、学习过程、学生需求和评价有机地结合在一起，从人的需求和发展出发，分析问题和解决问题，促进教学的改进和学生的发展。行动研究使高校英语教师在教学实践中既成为实践者，又成为研究者，使其在实践中不断反思，不断探索创新，不断总结归纳，从而促进英语教育理论的发展与完善，激发教师的自主性，提高其对工作效果的评价能力。从这个意义上讲，行动研究是高校英语教师进行深层发展、提升教学质量的有效方式。

4.4 多维模式的形成性评估促进高校英语听力教学

前面已经指出，大学英语的主要培养目标已经转变为培养学生的英语综合应用能力，尤其是听说能力。教学目标的变化带来教学内容、教学手段、方法、模式的变化，因此教学评估也发生相应的变化。在听、说、读、写四个语言交流技能中，听力是使用最频繁的，是交流的基础。因此，听力教学越来越受到教师和学生的关注。而局限于“教师放音—学生选择—检查答案”的单一的课堂听力教学评估模式已经不利于学生语言能力的提高和学习自主性的发展。英语的学习成效，取决于学生自身的学习热情、学习动机、学习目标等。学生是英语学习的主体，课堂学习是学生学习英语的一个有机环节，听力能力的提升关键在于学生的学习主动性及积极性。为此各高校纷纷建立了大学英语自主学习中心，它的建立为新的大学英语听力教学模式的产生提供了必要的硬件基础，随之对各种学习形式的形成性评估变得越来越重要。形成性评估由于可以提供全面、准确的信息来描述学生的学习行为、能力发展和成绩进步等方面的情况，进而促进教学目标的实现，所以在教学评估领域的地位日渐突出，受到越来越多英语教育工作者的重视。目前，在英语学习过程中，人们往往比较重视学习者英语听力的训练，而忽视了对各种听力训练形式的评估作用。在这种情况下，多元化的教学模式并未得到适宜的监控及评估，也就谈不上教学方式的改进、教学质量的提升。有鉴于此，本书以大学英语转型为契机，具体探讨多维模式的形成性评估在大学英语听力教学过程中所发挥的促进作用。

4.4.1 教学评估理念和研究目的基本知识

教学评估是高校英语教学工作的重要环节。教学评估的理念最早是由 Frederich Taylor 提出的，他认为考试的目的是了解学生学习的进步程度。20 年后，Ralph Tyler 进一步提出评估的核心是评价教学目的的完成情况，而不是用于区分、鉴别学生。Hein 和 Price 宣称学生从事的任何活动都可以用作评价。Kohonen 将评估系统的发展视为教学范式转变的一部分。他认为传统教学模式将教学过程看作知识的传输（transmission），评估是对成品（product）的终结性评价。而现代教育理论正在向以学习者为中心的经验型（experiential）教学转变，教学以知识的转化（transformation）为目标，目的在于将新知识与学习者已有的个人知识构建和认识（constructs and meanings）整合，提升学习者的整体个人素质（personal growth），所以评估是对教学过程（process）的反思式（reflective）评价，是学习过程不可分割的组成部分。基于以人为本、以建构主义理论为基础的形成性评估强调对学生的学习过程进行评价，提供反馈信息，并对学生的情感、态度和策略等方面的发展做出评价。简而言之，形成性评估是在教学过程中开展的，对学生的学习进度进行监控和评估，并将评估过程中搜集到的信息用于调整教学方法和教学模式，以满足学生的基本学习需求，提升高校英语教学的整体质量。

从形成性评估相关研究的统计结果来看，研究者重点关注了形成性评估在高校英语教学中的应用，在高校英语口语、写作教学方面的探究较丰富，而对听力、阅读教学的探究相对较少。

4.4.2　形成性评估和终结性评估的区别

形成性评估指的是教学过程中通过有效、及时的反馈，促使语言教学持续稳定发展的评估方式。其强调的是在日常各种各样的教学活动中，对学生进行评价。教师对学生各种学习活动进行观察、评价以便及时了解阶段教学的结果和学生学习进展情况、存在问题等，并及时反馈，进而及时调整和改进教学工作，同时也可作为英语阶段性学习的导向。美国的斯克里芬（G. F. Scriven）在其 1967 年所著的《评价方法论》（*The Methodology of Evaluation*）中提出了形成性评价。美国教育家布卢姆（B. S. Bloom）将形成性评价运用于教育评价实践，从而大大推进了现代教育评价理论的发展。国外对这一领域的研究成果丰硕。国内关于形成性评估的研究起步较晚。长期以来，我国的高校英语教学所采用的测试及评估方法主要是终结性评估的方式。

形成性评估和终结性评估在形式、目的、关注点等各个方面存在较大的差异。终结性评估重点关注结果，而忽略了教学过程这个重要环节。评价主体是教师，学生是被动接受，不利于学生自信心的建立。正如 Puhl 所断言："除非我们改变评价方式，否则我们不可能改变教学的方法与过程。"可喜的是，近些年来，伴随着我国英语教学改革的深入，越来越多的研究者开始探索形成性评估，并取得了一定的研究成果。

4.4.3　多维模式的形成性评估在高校英语听力教学中的应用

4.4.3.1　研究方案及其实施

A　课堂的教学评估

教学过程实际上是教、学双方通力合作的过程，只有在教师和学生均充分发挥自身的主动性，才能够实现最佳的教学成效。课堂英语听力教学不仅仅局限在"听音—给出答案"这个简单的过程，而是一系列的多种形式的交互过程及相应的多种评估形式。课前每位学生根据听力任务为课前演讲做准备，课堂上要求学生根据视频进行同步复述，甚至改变常规听力方式，如以短对话、长对话用复述形式完成，教师对学生课堂上的每一项表现都要记录下来，作为评估的依据。在英语学习过程中，听力是大多数学生的薄弱环节，是实现正常交际的主要障碍。听写训练在培养和发展学生听力能力方面的可行性和有效性已经得到了证实，听写式语言输入与学生听力能力的发展显著相关。每次听写训练安排在英语课上课前或结束前 5 分钟。参照大学英语四级考试复合式听写模式，借助语音多媒体设备，代替老师朗读三遍。第一遍从头到尾，中间无停顿；第二遍以分句为单位，根据分句长短决定停顿时间，由教师操控；第三遍全文通读，中间无停顿，最后记录学生的成绩。在训练的过程中，教师有目的性地指导学生熟练掌握各类听力策略。这种方法不仅能够增强学生辨识输入信息的敏感度，增强学生对听力话语的划分能力和理解能力，而且还能够在一定程度上将学生的听力能力推向更深层次的方向。

B 课外的教学评估

听力自主学习是练习听力的主要方式。通过对话听力练习、篇章听力练习、跟读、角色扮演、自由表达、单元测试等方式进行练习，其中单元测试这种方式要求学生在规定时间内完成；教师根据学生学习记录，如上网记录、课程记录、练习记录、成绩分析、成绩排名等进行评估并记录成绩，作为形成性评估的一部分。听力作文是训练学生听力的一种形式，第一学期给学生一定数量的音频（VOA、BBC、CNN 等）资料要求学生在规定时间内反复听，然后根据自己的理解寻找切入点完成一篇 120 字左右、主题突出的作文。第二学期不再事先给学生提供音频材料，而是直接进行听力作文考试，学生需要课下自己寻找资料并进行大量的练习，这对学生来讲是个极大的挑战，不仅验证了学生的自学能力和听力水平，还验证了学生的思辨能力和综合运用英语的能力。“课内-课外”教学评估相结合的方式，可以获取到以往单一评估模式难以比拟的教学成效。

4.4.3.2 教学实验活动的开展

A 实验条件

部分研究者对某一高校内的两个不同专业的学生进行了实验。其中，一组学生作为实验班参与实验；另一组学生作为对照班，采取外语教师讲授听力课，以课堂为中心的教学模式，对课程评价仅使用终结性评估。实验班、对照班都采用听力课两周 2 课时，读写两周 6 课时，但实验班除了进行课堂的多种形式评估外，每隔一周进行网络自主测试 1 课时。此次实验的目的在于对两种教学评估模式的效果进行对比，检验多模式评估对提高英语听力水平的效果。参与实验的两组学生进校时英语水平相当，甚至对照班入学听力测试平均分高于实验班。他们统一使用外语教学与研究出版社的《新视野大学英语》《新视野大学英语听说》教材。实验除自变量不同外，对其他因素进行控制。两组学生的教学总课时、读写课教材、教案、教学进度等保持一致。统测笔试试卷由教师集体阅卷。整个实验历时一学年，主要解决以下两个问题，一是多维模式的形成性评估是否能够促使学生英语听力能力的深层发展；二是形成性评估模式对高校英语听力教学及学生英语学习所产生的影响。

B 实验结果

实验过程中对实验班和对照班进行入学英语综合水平测试，用统计软件

SPSS. 17 的社会科学统计软件包对所测试的听力成绩进行统计。统计数据显示，实验班和对照班的平均分无显著差异，符合实验条件。实验后，实验班和对照班的成绩具有显著差异；实验班和对照班平均值差之间存在显著差异。可以得出这样的结论，多维模式形成性评估确实在提高学生听力水平方面起到了较大的作用，对学生听力能力的提高有一定的影响。

综上所述，多维模式的形成性评估体系在提升学生听力能力的方面发挥着重要的促进作用。在多维模式的形成性评估模式下，学生目标明确、自主学习计划得当，并能适当调整学习方式与方法以利于听力能力的发展与提高。实践证明，形成性评估不但能激励学生随时关注与成绩有关的听力能力，而且能使其了解学习英语的理念，有针对性地调控自己的听力学习方法。但也应看到，由于该评价体系实施的时间并不长，同时在课堂活动等方面欠缺规范化的评估标准，因此有待于在今后的教学过程中进行改进，构建一整套更加完备的多维模式的听力形成性评估体系，以提升学生的听力能力，不断改进及提升教师的教学水平。

5 高校英语口语教学与网络测试

5.1 提高口语应用能力教学模式改革的实验

当前，高校英语教学的一个重要目标便是提升学生的口语应用能力，改善学生的口语知识结构，增强学生人文社科综合素养，培养符合21世纪要求的全球化人才，真正提升学生使用语言的能力。本章基于建构主义理论和支架式教学模式，以培养学生口语应用能力，增强其思辨力为目标，进行了“提高大学生口语应用能力教学模式改革”实验。通过研究，我们希望培养学生的英语综合应用能力，尤其是听说能力，促使他们在未来的学习、工作或社会交往中能够熟练地用英语进行有效交流；同时提升学生的自主学习能力及综合文化素养，使他们与我国社会发展及国际交流的需求相适应。

5.1.1 提高口语应用能力教学模式改革的理论依据

5.1.1.1 建构主义学习理论

建构主义学习理论是提高口语应用能力教学模式改革的理论依据之一。在解析建构主义学习理论的基本内容时，我们可以从“学习的内涵”与“学习的方法”这两个方面进行阐释。建构主义认为，知识不是通过教师传授得到的，而是学习者在一定的情境即社会文化背景下，借助其他人（包括教师和学习伙伴）的帮助，通过意义建构的方式而获得。建构主义学习理论认为“情境”“协作”“会话”和“意义建构”是学习环境中的四大要素或四大属性。其中，“情境”指的是在建构主义学习环境下，教学设计要考虑有利于学生建构意义的情境的创设问题。“协作”贯穿在学习过程的始终，协作对学习资料的搜集与分析、假设的提出与验证、学习成果的评价直至意义的最终建构均有重要作用。“会话”是协作过程中的不可缺少环节。在会话的过程中，每个学习者共享集体智慧，因此会话是实现意义建构的重要手段之一。“意义建构”指的是在学习过程中帮助学生建构意义就是要帮助学生对当前学习内容所反映的事物的性质、规律以及该事物与其他事物之间的内在联系达到较深刻的理解。总而言之，学习者获得知识的多寡取决于自身按照经验去建构相关知识的意义的能力，而不是取决于学习者背诵及记忆教师课堂上所教授知识的能力。

建构主义学习观提倡在教师指导下的、以学习者为中心的学习。学生是信息加工的主体，是意义的主动建构者，而不是外部刺激的被动接受者和被灌输的对象。学生要想成为意义的主动建构者，便需要在学习的过程中积极发挥主体作用。

5.1.1.2 支架式教学理念

支架式教学理念（Scaffolding Instruction）是建构主义学习环境之下的一种教学模式。美国教育心理学家布鲁纳曾在“脚手架”理论中指出：“学生不是被动的知识接受者，而是积极的信息加工者。”如果我们把知识分割成阶梯状，学生不喜欢教师把他们抱到一个阶梯上，而是感谢教师引领他们自己迈步上一个台阶或为他们提供一根迈步的拐杖。支架式教学是一种教学技巧，它先由教师示范最理想的学习策略或任务，而后逐渐把责任交回学生。支架式教学为学生建构一种对知识理解的概念框架，用于促进学生对问题的理解。因此，在英语口语教学中，事先要把复杂的口语学习任务加以分解，以便于把学生的理解逐步引向深入。这是根据维果斯基的最邻近发展区理论，对较复杂的问题通过建立“支架式”概念框架，使得学生自己能沿着“支架”逐步攀升，从而完成对复杂概念意义建构的一种教学策略。

支架的功能集中体现在以下几个方面：

（1）提供支持；

（2）具有工具的性能；

（3）拓展学生所能达到的范围；

（4）促使学生完成原本不可能完成的工作。

通过新模式的教学干预，教师在教学活动的开展过程中发挥着指导作用，促使学生尽快掌握并内化在课堂中学习到的知识及技能，进而促使学生进行更高层次的认知活动。通过教师的帮助，管理调控学习的任务逐渐由教师转移给学生，最终实现提高学生英语口语能力和思辨能力的教学目标。

支架式教学主要包含以下五个环节：

（1）搭脚手架。围绕当前学习主题，提供知识背景，建立概念框架。

（2）进入情景。通过讨论、游戏等各种任务将学生引入相关问题情景。

（3）独立思索。教师在对学生进行启发、引导的同时，还需要指引学生独立思索并解决相关问题。思索内容包括确定与给定概念有关的各种属性，并将各种属性按其重要性大小顺序排列。探索开始时要先由教师启发引导（如演示或介绍理解类似概念的过程），然后让学生自己去分析；探索过程中教师要适时提示，帮助学生沿概念框架逐步攀升。起初的引导、帮助可以多一些，以后逐渐减少，愈来愈多地放手让学生自己探索；最终要做到无需教师的指导，学生自身也能够在概念框架中持续前进。

（4）协作学习。即进行小组协商、讨论，讨论的结果有可能使原来确定的、与当前所学概念有关的属性增加或减少，各种属性的排列次序也可能有所调整，并使原来多种意见相互矛盾且态度纷呈的复杂局面逐渐变得明朗、一致起来。学生在共享集体思维成果的基础上达到对当前所学概念比较全面、正确的理解，即最终完成对所学知识的意义建构。

（5）效果评价。效果评价指的是对学习效果的评价，大体细分成学生个人的自我评价、学习小组对个人的学习评价两大类，评价内容包括自主学习能力、对小组协作学习所作出的贡献、是否完成对所学知识的意义建构。

5.1.2　高校口语应用能力教学模式改革的实证研究

5.1.2.1　实验背景

口语教学是大学英语教学中的重要环节，也是大学英语教学的重点目标之一。为响应教育部所提出的提高学生英语综合应用能力，尤其是听说能力的号召，很多高校从具体行动上进行了尝试，纷纷开设了英语听说课或口语课。尽管如此，高校英语教学仍旧存在着一些问题，如英语口语教学的课时相对较少，教学效率较低；学生虽然掌握较大的词汇量，但口语水平始终偏低；个别学校欠缺改革的主动性及积极性，存在应付教学任务的现象。

当前，我国部分高校的英语教学现状差强人意，过分强调大学英语四、六级的通过率，导致出现了相当数量的高分低能学生；高校英语教学和应用能力要求相差甚远，导致一些学生学习没有兴趣，甚至是放弃英语学习。各大高校内的学生大部分来自本地区，来自城区的学生英语口语相比来自郊区的学生英语口语要好一些，但学生整体英语能力与水平仍旧偏低。由于我国高中英语教学仍然囿于应试教育，大部分学生口语应用能力以及思辨能力低下。而未来就业形势对英语口语应用能力的要求相对较高。在这种情况下，对高校英语教学进行改革刻不容缓。也正是在此背景下，提高口语应用能力的教学模式改革被提上日程。

我国部分研究者针对某一高校的英语口语教学情况进行了深入的研究及探讨。研究者从学生的口语学习现状、需求入手，研究大学生英语应用能力，重点研究新的教学模式对学生口语听说能力的促进作用，研究分析在以网络环境作为辅助的新教学模式干预下，如何提高学生的听说能力、思辨能力，以及如何有效优化英语口语教学，进而优化我国各大高校的英语教学，提高教学质量；研究基于建构主义学习理论以及维果斯基“最近发展区”的支架理论；以培养学生口语应用能力、增强学生的思辨力为目标，探讨网络环境下高校英语口语教学的新模式。

研究者首先对高校英语课程进行了相应的调整。其中，实验班精读周课时减为2学时，听说课时增为2学时；对照班课时仍然是传统做法，精读周课时3学时，听力周课时1学时。实验班教材除使用《新视野大学英语读写教程》《新视野大学英语视听说教程》之外，还采用了北京第二外国语学院主编的口语C级教材。实验班采取了网络环境下大学英语口语教学的新模式，这种教学模式包含四部分内容，即课堂教学模式、课外自主合作式学习模式、口语测试模式以及学生档案袋评价模式，而对照班仍旧采用以课堂教学为主导的教学模式。

A 课堂教学模式

高校英语课堂教学过程应该始终以学生为主体。英语学习是在教师指导下以学生为中心的学习，学生的角色是信息加工的主体、知识意义的主动建构者；而教师不再是知识的传输者、灌输者，而是指导者，是意义建构者、促进者。教师要让学生在教学过程中发挥积极性和主动性，让学生自己去观察、分析、归纳，从而让学生将所学的语言知识运用到日常交际中。譬如，针对某个特定话题的视频，要求学生精炼出视频所反映的主旨。课堂教学过程应该以小组为基本单位，回答问题、解答问题这两个环节也应该以小组为基本单位，要求每一个学生均参与其中，和其他同学进行协商，归纳意见，最后由小组负责人作为代表进行统一发言，协作完成教师布置的各项任务。

B 课外自主合作式学习模式

学习的过程实质上就是知识的建构过程，是学生自主建构知识的意义的过程，让学生在完成任务的过程中习得语言知识、培养交际能力、团队精神和协作能力。知识来自学生与环境的交互作用，语言学习不能仅停留在语法和词汇的层面上，是需要学生根据已有的材料和语境，强化原本储备的知识。支架式教学模式中的协作学习观逐渐被接受，师生间尤其是生生间的共同活动是建构语言知识的重要环节，合作式学习使学生真正身临其境，学习的热情和积极性被充分调动起来。实际上，支架式教学模式强调在一个优质的学习环境中，能够决定建构及创造知识的学习更具有吸引学生参与学习活动的兴趣。

C 口语测试模式

以考试促进学习，通过口语小型测验的方式强化学生的口语训练，使学生意识到口语测试的重要性。每学期进行多次各种形式的口语测试，如课堂教学开始前的五分钟演讲、课堂教学结束前的英语口语总结等都增强了学生提高口语能力的意识，有助于学生能力的提高。

D 学生档案袋评价模式

记录学生与口语有关的所有活动，对学生的口语能力变化进行动态化跟踪。准备一份档案，记录每位学生实验前、实验中、实验后的口语变化情况，口语各分项成绩，继而进行个性化指导，有针对性的提高，效果明显。除此之外，评价内容还包括小组协作学习所做出的贡献和是否完成布置的任务（该评价由学生互评完成）。

5.1.2.2 实验方法

A 设置相关的研究问题

本书力图研究实验班学生通过听说能力的培训，其在听力、口语方面的变化；听说训练对这两方面的能力产生的影响。具体探究以下几个问题：

（1）被测试学生口语表达现状如何？

（2）听说训练是否对高校学生英语听力、口语能力提高具有较大的促进作用？

（3）听力、口语训练后，高校学生口语词汇使用的广度、深度具有怎样特点？

（4）针对高校学生所进行的听说训练实验，有哪些值得借鉴的建议和措施？

B 实验工具

利用问卷调查、访谈采集定量、定性数据；利用 SPSS 软件进行显著性差异和相关分析；利用语料库检索软件 Range 进行词汇使用广度、深度、难度分析；运用高校英语的期末水平测试作为测量工具。

C 数据搜集及分析

（1）数据搜集。参加该项目的学生为某一高校内两个专业的学生，根据预定计划这些学生于 2018 年 4 月份、6 月份需参加大学英语应用能力口语考试；搜集的数据包括学生 4 月份的问卷调查、培训阶段的口语语料、英语四级考试现场录音转写后的语料、学生期末水平考试的各项成绩以及 6 月份的大学生英语应用能力口语测试成绩。

（2）数据分析。数据分析大体可细分成四个阶段。

第一阶段，运用 SPSS 软件对学生问卷调查进行摸底分析，分析学生口语能力现状。

第二阶段，运用 SPSS 软件对实验班和对照班学生的期末水平考试成绩进行独立样本检验，考察实验班与对照班学生在听力能力上是否具有显著性差异。

第三阶段，利用语料库检索软件 Range 对学生口语词汇使用广度和深度进行分析，考察两组学生词汇使用的广度与深度的差异。

第四阶段，整理数据，总体分析、归纳，找出共同点加以分析。结合教学提出有借鉴价值的建议。

（3）主考官打分和副考官打分保持一致。主考官打分和副考官给出的分数存在较大的相关性，证实了二者在打分方面具有相对一致的意见，同时也说明“TEP Oral Level C 内容组织评分细则”（第二外国语学院大学英语应用能力项目组）具有合理的指导性和一定的科学性。这一点也为研究数据提供了可靠的依据，为此次研究提供了可靠的数据支持和保证。

5.1.2.3 实验结果及分析

A 实验结果

a 实验前后学生口语考试成绩的分析

第二次考试，实验班的口语成绩、对照班的口语成绩和期末成绩不相关。实验之前，除语音语调之外，对照班的其他口语项目均值均高于实验班的各项均值。实验之后，对照班口语各项均值均小于实验班各项均值，且实验后第二次口语考试实验班总分均值与对照班总分均值之间存在显著性差异。

第二次考试，实验班和对照班在口语考试各个项目上的差距仍旧较大。实验前，实验班与对照班在图片描述、语音语调上没有显著性差异。实验 8 周后，实验班与对照班在图片描述、语音语调上存在显著性差异。这是因为在实验班课堂教学中，教师比较注重图片描述技巧与练习，同时更多地强化学生的语音语调训练。但是实验班在话题描述、语法词汇以及交际效果方面没有得到加强，这在下一步实验中需要调整。

b 实验前后听力考试成绩的分析

实验之前，实验班与对照班听力均值、标准差均较大，说明大部分学生的分数和平均值之间存在较大的差异性，实验班学生的听力成绩较为分散，对照班学生的听力成绩相对集中。实验之后，实验班听力均值高于对照班，标准差减小，说明大部分学生的分数和平均值之间差异较小，成绩比较集中，说明在 8 周的实验过程中，口语训练与学习对学生的听力能力有一定的促进作用。

（1）学生口语词汇使用的广度和深度之间的差异、难度与词汇密度解析。通过实验，我们发现实验班在一级词表形符 1015 个，占整个文本的 86.38%，一级词表类符 213 个，占整个文本的 71.24%，它们属于 175 个族词。而对照班一级词表形符 826 个，占整个文本的 90.08%；一级词表类符 187 个，占整个文本的 75.10%。实验班三个词表中族词均大于对照班，尤其是实验班三级词表以外的类符数为 44 个，而对照班为 24 个，说明实验班学生口语词汇与对照班相比使用选择范围宽、自由度大。因此，实验班学生口语词汇使用难度大于对照班，且词汇覆盖度高于对照班。通过实验，我们还发现实验班学生在一级词表、二级词表中的词汇使用上更加丰富、密度更大，而使用三级词表词汇密度却比对照班要低得多，这与对照班强调阅读及写作存在较大的关系，深层次的缘由还需要进一步追踪调查。

（2）问卷调查及访谈结果分析。考试结束后我们分别从实验班、对照班抽取了考试通过和考试未通过的学生进行访谈。访谈围绕“对大学英语口语考试实验有什么看法”“在口语交流中都有哪些困难”和“为了提高口语能力，你都用了哪些方法，采取了哪些措施”三个问题进行访谈。总体来说，学生对大学英语口语考试实验持支持态度，他们认为该实验对学生提高口语应用能力具有正面反拨效应。但在学习过程中，大多数学生认为“词汇量少”是影响口语发展的主要原因。学生往往采取“看美剧”的方法提高口语表达能力。其实，学生忽略了很重要的一点，即学生过分注重语言的输入而忽略了语言输出这个环节的重要性。只有正确的、系统的语言输出练习才能促进语言熟练度。

B 实验结论

(1) 口语考试成绩和学生的期中学业水平考试、期末学业水平考试之间的关系并不紧密。有些学生学业考试成绩不理想，但是口语考试成绩较好。

(2) 增加口语课能够在一定程度上提升学生的听力能力。实验班实验后听力成绩和听力均值之间差异较小，成绩比较集中。但由于试验周期短，成绩变化不明显，还需进一步的实验来验证此结论。

(3) 口语词汇使用的广度、深度、难度和实验存在一定的内在联系。实验班学生经过8周的口语训练无论是在词汇使用广度上还是在词汇使用深度上都呈现出一定的优势。

C 对策

针对上述的实验结果，我们认为应该采取以下几个对策：

(1) 加大实验力度，获取更大范围的数据支撑。这有利于我们调整教学计划，快速提高学生英语口语能力。研究表明增加口语课时量，加大口语训练的强度，提供更多的口语练习机会，对学生的口语能力提高有一定的促进作用。

(2) 研究采用了课堂教学、课外自主合作式学习、口语测试、学生档案袋评价相结合的教学模式。教学模式需要进行动态调整，有效的教学模式的干预能够间接地促进学生口语应用能力的提高。

(3) 针对不同起点的学生，应该采取不同的教学方法，提出不同程度的挑战，以使他们能够充分发挥自身的主观潜能，获得更进一步的发展。教师在教学中要关注那些英语基础较差、口语能力较低的学生的学习进程，可以对他们进行有针对性的个性化指导，增强他们的信心。

上述研究属于探索式研究，实验的规模相对较小，实验的周期也比较短，具有一定的局限性。因此，有效的教学模式对大学生口语应用能力的作用还需更多的实证研究进行考查和验证。

5.2 英语口语话语标记语使用特点

话语标记语（Discourse Markers，DM）是一种常见的语言现象，始终受到广大语言研究者的关注。国外的一些语言学家对英语学习者口语中的话语标记语进行了调查研究。其中 Hasselgren 把话语标记语研究扩展到外语教学领域。话语标记语是一些在话语中起语用作用的词语或结构。由于不传递命题意义或语义意义，它们不构成话语的语义内容，而是为话语理解提供信息标记，从而对话语理解起引导作用。话语标记语从整体上对话语的构建与理解产生影响，具有动态特征。本书就大学生口语测试中话语标记语的使用状况，以英语口语语料库为参照物，主要探讨非英语专业大学生在基础阶段英语口语中使用频率较高的话语标记语，调查分析学生话语标记语的使用特征及规律，学生对英语常用话语标记语的使用频率及类型，探讨基础阶段中口语话语标记语在高校英语教学中的重要地位。

5.2.1 话语标记语的功能和分类

5.2.1.1 话语标记语的内涵

20 世纪 70 年代中后期，话语标记语研究才开始真正形成并发展起来。话语标记语的研究随着越来越多的学者参与进来而壮大起来。它的研究对于我们理解交际能力是非常重要的。话语标记语不属于任何传统词类，而是一种新的词类。传统词类中的词或词组都可能弱化成话语标记语，例如连词 and、but、so 等，副词 well、therefore 等，感叹词 oh、ah 等，代词 this、who 等，词组 as a result、on the contrary 等，小句 you know、I mean 等。它与传统词类的区别在于话语标记语不传达主题或语义所指含义，只传达程序意义。由此可见，话语标记语在语句中并不充当成分，可以被视为虚词。

由于文献中针对话语标记语并未给出固定的概念，因而其概念难以界定。学者们如 Schiffrin、Blackmore、Hōlker、Briton、Fraser 等，都对话语标记语进行了深刻的研究。但他们的研究思路、研究视角各不相同，对于话语标记语的定义、分类、功能等很难达成一致的看法。尽管如此，话语标记语的一些基本特征却是无可争议的，主要表现在以下几点：

（1）话语标记语具有“句法上的可选择性，交际中的不可或缺性”。

（2）话语标记语不表达真值语义关系，但对组织语篇和话语理解有较大影响。

（3）每一个话语标记语都具有多功能性，而其具体功能都是基于语境限定的。

我们认为话语标记语是一种特殊的开放性的新词类。按照语法功能分，话语标记语属于虚词，但它和其他虚词存在一定的差异：一方面，话语标记语是一种开放性的词类，而其他虚词实质上是封闭性的词类；另一方面，除叹词及拟声词之外，其他虚词均具有一定的语法意义，它们的运用通常会关联到整个句子的结构，影响到语句的整体意思，而话语标记语并不具备语法意义，不会对语句结构造成影响，但具有一定的语用意义。因此，话语标记语只能从语用功能出发，对其进行研究探讨。本书中的话语标记语主要指口语中用于衔接语篇、传达语篇信息、引导话语理解、延续话语的标记词、短语，话语标记语是口语中常见的一种语言现象，用来指示话语之间的各种逻辑关系。

5.2.1.2 话语标记语的功能

截至目前，各方学者针对话语标记语的研究主线是其语用功能，不同语言之间的话语标记语的对比和翻译研究也应该从语用功能来着手。作为一种话语衔接手段，话语标记语具有独特的语篇联结功能，具体表现在明示小句逻辑关系、提示话题的转换、表达作者意图以及提示语境四个方面。话语标记语的最基本功能就是说话人希望保证听话人理解自己的意思，使听话人的语言处理的耗费尽可能地少一些，这是使得谈话顺利进行的必要组成部分。

各方学者对话语标记语的具体功能进行了研究。譬如，Quirk 认为话语标记语在文本结构中起双重作用，即给读者诠释文本（interpreting the text to the reader）（比如激起特殊的态度），以及表达文本之间的关联性（expressing the relevant connection between one part of a text and another）。而 Briton 认为话语标记语有五大功能，一是引起话语；二是标记话语间的界限；三是标记前景或背景信息；四是预示回答或反映；五是形成说话者和听话者之间的良好互动。这五大功能可归为两大类：一是语言的文本功能；二是交际功能。Schiffrin 从话语标记语的分布激起特殊的诠释（interpretation）出发，认为话语标记语具有三大典型功能，一是使上下文连贯；二是为说话者、听话者或双方标记相邻话语；三是为前景话语或后景话语标记相邻话语。由此看来，Schiffrin 认为话语标记语在话语中起“整体连贯”的作用。Schiffrin、Fraser 等学者详细分析过“well、so、oh”等话语标记语在不同语境中的具体功能。很明显，每个话语标记语具有多功能性，而其具体功能又是基于语境限定的。整体来讲，各方学者始终认为日常生活中话语标记语的功能主要源自语用方面，是动态变化的，其功能并不是单一的或者孤立的，而是相互渗透的，并对话语产生一定的语用制约。

本书根据话语的三大要素，即发话者、受话者及话语，认为话语标记语主要有以下 3 个方面的功能。

（1）主观功能。话语标记语有助于发话者组织思维或呈现个人语言喜好，如：填充词（filler）表明发话者在思考或迟疑，还没有完成话语；口头禅反映发话者的个人语言喜好；评价性标记表示发话者的主观态度，如“in my submission”（我认为）、“in fact”（事实上）、“It is a pity that”（令人遗憾的是）等。

（2）交际功能。对话是社会交流的产物，会话参与者为了达到顺利交际的目的，需要进行多方努力。说话人希望成功沟通，就要确认对方能理解自己而且加入话题中来，或者说话人希望对方能理解自己的隐含意义。通过提起注意、变换话题、引出回应等方式促进话语过程中交际主体之间的交流互动，是一种语言交际策略。

（3）文本功能。话语标记语致力于话语文本本身的衔接关系及连贯性，如对比标记、阐述标记、推断标记等。基于语境限制，同一话语标记语在不同的语境中具有不同的语用功能。譬如，下述三句中的“From this point of view”（由此看来）便分别承载了不同的语用功能。

（1）From this point of view，living in the countryside is better than living in the city.（由此看来，住在农村比城市更好。）此处的“From this point of view”表确定，意思是“说真的”“老实说”。

（2）From this point of view，WG and UU are siblings.（由此看来，WG与UU是同胞兄弟。）此处的“From this point of view”表估计，意思是“也许”“恐怕”。

（3）From this point of view，you are not as good as that woman. She also knows to admit a mistake...（由此看来，你连那个女的都不如，她还知道认个错……）此处的“From this point of view”表说话者的主观态度、意见，意思是“依我看”“依我想”。

话语标记语的特殊功能在于它并不组成话语的语义内容，而是一种信息标记。话语标记语作为两个语言片段的纽带，为话语的理解起引导和制约的作用，这种作用是动态的，是交际双方的互动信号和协调机制。这里需要指出的是，很难罗列出所有的话语标记语，也很难穷尽某一话语标记语的所有功能。所以，对于话语标记语的最佳研究角度是语用的，而对于某个话语标记语的具体功能的界定则只能是动态的。

5.2.1.3 英语口语话语标记语的分类

近十年来话语标记语在世界范围内得到了重视和研究，但是由于切入点和研究层面的不同，研究者对“话语标记语”内涵的界定存在着很大的差异，因而对话语标记语的分类也各有侧重。具体而言，研究者对英语口语话语标记语的分类主要从以下三个角度出发。

A 从形式角度进行分类

由于受到传统结构主义语言学的深刻影响，大部分研究者从形式的角度出发对话语标记语进行分类。形式方法的分类指的是根据形式特征、语言系统特征对话语标记语进行分类。较早从形式角度对话语标记语进行分类的是Van Dijk，他把话语标记语分为并列连接词and，区分连接词or、either，条件连接词for、since、therefore、as、due to以及原因结果连接词等等。Schiffrin主要研究口语话语。在研究分析了 oh、well、so、because、now、then、and、but、or、you know 和 I mean 等标记语之后，Schiffrin 把话语标记语划分为以下四大类：

(1) 并列和主从连接词话语标记语，如 and、but、or 等。

(2) 感叹词话语标记语，如 oh、well 等。

(3) 副词话语标记语，如 now、then 等。

(4) 词汇句子，如 you know、I mean 等。

此外，他提出话语各个层次模式，包括"命题结构""行动结构""交换结构""参与者结构""信息状态"，并指出话语标记语能够出现在话语的不同层次中。

B 从句法语用角度进行分类

话语标记语作为英语语句的一个组成部分，不会对语句主干的过程造成影响，这也就表示话语标记语主要是以语用功能的作用在语句中存在。话语标记语的构成单位通常包括三部分：

(1) 单词，如 now、well、anyway 等。

(2) 短语，如 in other words、after all 等。

(3) 句子，如 you know、I think、that is to say 等。

这些语言单位具有相对固定的语言结构，并不会轻易产生变化，这集中体现在两方面：

一方面，从单词的角度来看，话语标记语不会产生时态、语态以及单复数的变化，如 well 不会变成 better；另一方面，从短语和句子来说，话语标记语的句法结构一经形成就具有相对的固定性，如 in other words 不会变成 in other word，after all 不会变成 after some，that is to say 不会变成 that was to say 等。

C 从语用认知角度进行分类

对于话语标记语来讲，其主要的功能便是从认知语用的角度发挥增强语言信息表达的功能。因此，语用认知功能是话语标记语最为明显的表征，同时这也是最能够解释说明话语标记语作为语言单位从语用角度来表明语言交流中的相互关系，以此来限定话语的关联性，指引听者付出最小的认知努力来取得最成功的理解结果。

按照关联理论对关联性的具体解析，Blakemore 指出话语标记语有三种类型：

(1) 表明上下文关系的标记语，如 so、therefore、that's to say、and in other words 等。

(2) 起到增强前后者关系的标记语，如 after all、also、besides、moreover、furthermore、indeed 等。

(3) 表示否定关系的成分，如 but、still、and、nevertheless 等。

5.2.2 高校英语口语话语标记语使用特点研究

5.2.2.1 研究方法和步骤

期末时期，研究者在某一院系中进行了一次口语考试，考试主要包括两个部分：一是自我介绍；二是小组讨论。共有两位口语考官；小组人员组成由抽签来决定。有 50 个讨论题目，所有题目与本学期教材中 8 个不同题材内容相关。在小组讨论过程中进行录音以获取真实、自发的会话语料。在调查的过程中，从院系全体学生的期末口语测试录音中随意抽取一组学生的录音，从中摘出所有话语标记语作为调查对象。该研究以中国学习者英语口语语料库 SECCL（由南京大学和外语教学与研究出版社合作开发）、英国国家语料库口语子库 BNC（由英国政府、英国牛津大学和兰卡斯特大学、朗文出版公司和钱伯斯-哈罗普出版公司等联合开发）、英国伦敦青少年语料库（COLT）中 DM 使用类型和词频作为对比参照。

5.2.2.2 结果和讨论

A 话语标记语的类型和使用频率

我们将受测试学生在话语标记语的使用类型和频率与 SECCL、BNC 及 COLT 中频数最高的十个话语标记语进行比对，发现受测试学生与 SECCL 中使用频率最高的 10 个话语标记语里有 6 个是相同的，尽管其中使用频率有所差异。该现象说明中国学生在使用话语标记语上具有相似之处，即倾向于使用有含义的填充语 I think、you know（you see），附加性标记语 and，对比性标记语 but，资格性标记语 if 及时间性标记语 when，强调性标记语使用中不明显。我国部分学者曾经从大学生在英语朗读任务中话语标记语的韵律特征的角度进行研究，得出的结论是学生对附加类、并列类、转折类和顺序类标记语的韵律模式掌握较好，对强调类标记语的把握相对差些。这一点与其他学者的发现不尽相同。BNC 中频率最高的标记语里只有因果性标记语 so 和附加性标记语 and。COLT 中的话语标记语大部分是无明确含义的填充语 oh、well 和有含义的填充语 you know、I know、I think、I mean 等。在受调查学生的口语语料中，学生一共使用了 14 个话语标记语，除上述 um、I think、and、so、but、because、such as、if、when、you see 这 10 个话语标记语之外，还有 even though、although、for example 和 also。总体来看，学生话语标记语使用类型单一，使用话语标记语的频率相对较低。与 SECCL 中的话语标记语相比，学生过多地使用填充语“um”，这与口语交际中压力过大、词汇使用能力有限及口语能力较弱有关。英语本族语者经常使用的话语标记语，如 that is、well、however、indeed、right、yet 等，学生却较少使用。

调查结果还显示，使用过度的话语标记语中有三个词汇的使用频率较高，这三个词汇是 I think、and 和 but。这一点表明学生在二语学习过程中受一定的母语影响。一些学生在口语会话中为了维持话语语流，甚至多次使用汉语“那个”而不是常用的英语口语标记语如 um、er 或 erm 等话语填充语。汉语中的话语标记语“那个”“然后”“嗯”和“但是”的使用频率明显较高，由此导致在二语学习过程中口语语言负迁移现象频繁发生。因为目标语习得在非母语的英语教学环境（English as a Foreign Language，EFL）下开展，汉语对其影响无处不在，特别是在语用方面，所以，EFL 的特定环境决定了在真实目标语语境中交流、学习口语交际策略、提升口语交际能力几乎是不可能的。在这种情况下，汉语的语言体系更多地迁移到学习者的口语中介语中。对受测试学生而言，除以上使用过度的话语标记语以外，他们对其他标记语在口语交际过程中基本处于接近零掌握状态。为实现同样的交际目的，而大量使用标记语，其口语产出具备更多的重复性、欠缺必要的连贯性、打破整个话语完整性的特点。

B 话语标记语对口语流利度的影响

话语标记语在口语会话中看似简单但是又是会话中不可缺少的一部分。根据 Longman Grammar of Spoken and Written English 一书的统计，在会话里平均 61.4% 的 C-单位（语句单位和非语句单位）是语句单位，其余 38.6% 是非语句单位（即话语标记语）。话语标记语虽然不是表达话语内容和意义的基本词汇，但属于说话者的一种流利性策略。口语教学往往忽视了这一环节，而它确实在口语交际中起着至关重要的作用。在所有会话当中，有 5 位同学使用了 although，even though，for example 和 also，而这 5 位同学的口语成绩属于高分组。英语口语水平较高者自然会较为频繁地使用话语标记语进行语句之间的过渡，但话语标记语的类型数目却不一定会增加，因为口语表达的特殊性对在其过程中所使用的话语标记语的多样性有所限制。而英语口语水平较低者过分依赖附加性标记语 and 和强调性标记语 very，较少使用其他话语标记语，从而导致会话中停顿较多，不知如何连贯话语，从而中断会话。

通过上述调查，我们还认识到在口语表达中，学生不会使用一定的衔接技巧将句子组合成一个有意义的整体。他们并不认为话语标记语在语篇构建方面上发挥着重要的作用。学生普遍有一种误区，即只要发音标准，无严重语法错误，能让别人明白自己的意思，就达到了交际的目的。他们并没有认识到使用话语标记语可以缩小听话人寻找话语关联的范围，使话语关联的寻找更加容易，使话语理解更确切。而且，他们认为在口语交际中，如果使用话语标记，便会导致其他人认为自身的口语表达能力不足。

总而言之，按照上述分析，受测试学生对英语口语中常用的话语标记语使用频率相对较低，类型较为单一，借用母语话语标记语的现象较为严重，如从过多使用“I think”“this”等可以看出课堂教学只注重书面而轻口语的痕迹。除此之外，通过调查也发现，话语标记语与学生口语流利度及英语水平有很大的关系。话语标记语使用类型多样且使用频率较高的学生英语水平相对较高。这要求我们在今后的教学中加强学生话语标记语的学习，增强学生的意识，从而更有效地达到教学的目的。

5.3 高校英语四级网考对学生英语学习反拨效应的影响

相关研究证实英语四级网考在提升学生综合能力方面发挥着一定的反拨效应。针对网考而采取的“以网考促学习”的教学模式在学生听力能力提高方面更是起到了促进作用。以下研究旨在了解四级网考对学生各项技能的促进作用，为四级网考的效度调查从被试者角度提供数据支持，同时为非英语专业学生参与未来的四级网考提供宝贵的经验，也为高校英语教学提供一定借鉴。

5.3.1 国内外在反拨效应方面的研究

反拨效应（washback or backwash）又被称作“反拨作用”，具体指的是语言测试对教师的教学活动及学生的学习活动所带来的巨大冲击和影响，同时还指语言测试对教育者、课程设置、人才培养等所产生的不可预计的影响。

各方学者早期对反拨效应的研究主要集中在对课程大纲、教材、学生学习、课堂教学方法的研究，三分之二的研究是对教师教学方法反拨效应的研究。20世纪90年代以来，反拨效应的研究采取了对教学材料分析、课堂观察、个人和小组访谈以及对教师话语分析等研究方法。近几年，反拨效应研究的一个主要趋势是研究者不再局限于对反拨效应进行具体描述，而是试图解释产生反拨效应的原因。有学者如Andrews采用一种研究方法进行研究，也有学者如Shohamy和Cheng等采用不止一种方法进行研究。Bachman等学者在“测评使用论证”模式中，甚至把考试后效放在考试开发步骤最重要的位置，并认为考试后效是设计和使用一项考试时应考虑的第一要素。由此可见，各方学者已经认识到反拨效应是考试后效的重要组成部分，也是评判考试质量的标准之一。

目前，国外相关学者对语言测试反拨效应的研究重点渐渐由探究“测试对教与学所产生的影响”转变至“测试对社会发展、教育体系及处于这些体系中的个体所产生的影响”，从各个维度出发对语言测试的反拨效应进行深入的探究。这些研究主要集中在三个方面：一是在反拨效应的作用；二是影响反拨效应的因素；三是减少负面反拨效应，提高正面反拨效应的方法。研究对象主要是大型国际标准化测试，如TOEFL、IELTS等。研究方法主要采用课堂观察、问卷调查、个人访谈等。

研究语言测试所产生的影响是近20年来语言测试领域的一个重要课题。国内对语言测试的反拨效应研究较多。但由于网考反拨效应研究起步晚，因此针对四级网考各维度的研究较少，网考反拨效应实证方面的研究则更少，近几年才陆续有学者对这方面进行了深入的研究。有的学者从宏观的角度探讨大学英语四级网考的意义和反拨效应；有的学者从理论基础、教学目标、教学程序、运用策略及教学评价五个方面研究四级网考反拨效应下的大学英语视听说教学模式；有的学者探讨听力测试对大学英语教师教学的反拨效应。这些研究对促进英语教学改革，培养学生综合能力都有重要的参考价值。但是针对某一特殊群体的研究，如艺术类学生，目前还没有。基于这样的背景，我们根据四级网考的结果，对艺术类学生进行了有针对性的研究。对四级网考对艺术类院校学生反拨效应的研究，为艺术类学生参加四级网考提供及时、有益的反馈信息。与此同时，此项研究有利于推动以听力为主、基于计算机网络的非英语专业院校英语教学模式的改革，为非英语专业学生综合能力的提升摸索出一条有效的渠道。

5.3.2 四级网考简介

与传统笔试相比较，大学英语四级网考在考试方式、题型设置、考察侧重点、出题方向等各个方面发生了较大的变革。其最明显的变化是考试的媒介由纸质变成了电脑。考生自始至终要面对计算机屏幕听音频、看视频、阅读文章和跟读或口语回答问题，与此同时还要利用键盘完成写作。网考最大的变革是题型的设计和题材的选择。新的考试题型分为两大类，与听力相关的题型分值占70%，其中包括25%的听力理解和45%的综合听力，综合听力又包含单项选择、听写、跟读、回答问题、结构以及写作等题型。2008年，我国开始推行网考试点，到目前已经先后进行了多次的四级或六级考试，涉及200多所学校，对于推进高校英语教学改革，促进英语教学的信息化起到了很大的作用。当前，四级网考基本上覆盖全国各个高校。

5.3.3 高校英语四级网考对学生英语学习反拨效应影响的研究

5.3.3.1 研究模型和性质

我们以重庆大学语言认知及语言应用研究基地主任辜向东所创建的大学英语四级考试反拨效应研究模型为依据，创建新的模型以探究高校英语四级网考对学生英语学习反拨效应的影响。具体而言，我们将研究模型概括为4P模式，即参与者-认识-过程-产出（participants-perceptions-processes-products）。该模型假定大学英语四级考试对考试参与者（领导、教师和学生）本身、他们对该考试及其反拨效应的认识、他们的教学过程（正常的课堂教学和以考试为目的的训练）以及他们教学的产出（考生在大学英语四级考试中的写作和口语部分的表现）等会产生影响。

在该研究模型的基础上，我们对反拨作用的机制进行了深入分析，将参与者细化为“学生”“教师”“教学管理者”及“试题设计者”，从这四个角度出发来探究大学英语四级网考对学生英语学习的反拨作用。前三者和辜向东模型中的“考试参与者”基本一致，但我们所设置的研究模型中还包括了对试题设计者因素的研究。因为大学英语四级网考尚处在发展阶段，试题设计者对四级网考的反拨作用的认识和研究能够完善考试内容、形式、信息反馈等方面，从而提高四级网考的考试效度（test validity）、教学后效（washback effect）和社会效应（social impact）。

大范围测试的反拨作用实际上是一个动态发展的过程，大体包含三个阶段，即早期反拨作用、中期反拨作用和后期反拨作用。其中，早期反拨作用表现出测试的相关资料和信息有限，大部分的教学尚未受到影响，只有部分的教学受到影响，由此引发的改革略具盲动性。中期反拨作用表现出经过一段时间之后，测试的相关材料和信息有一定量的积累，正向反拨效度增加，教师和学生能在测试的方向指导下合理地教与学，提高语用能力。后期反拨作用表现出多数教学参与者仍以提高语用能力为主，但部分教学参与者的教学偏向于答题技巧而忽视能力培养，致使正面反拨作用的发挥反而有所降低。由于四级网考当前尚处于发展阶段，各方面的信息及资料并不完善，因而我们通过对试点高校内的一部分教学管理者、教师、学生进行考察，以期窥探四级网考的整体反拨作用。

5.3.3.2 提出问题

通过此次研究，我们计划解决以下几个问题：

（1）大学英语四级网考的相关人员对该考试本身及其反拨作用有何认识？他们对促进四级网考对大学英语听力教学正向反拨作用有何建议？

（2）大学英语听力教学有什么特征？大学英语四级网考对听力教学有何影响？其影响是怎样产生的？

（3）为进一步发挥四级网考的正向反拨作用，教学管理者应从哪些方面完善其教学管理？

（4）为了进一步发挥四级网考的正向反拨作用，试题设计者应该从哪些方面出发来完善四级网考有关试题？

5.3.3.3 具体研究方法

为准确解答上述问题，我们邀请了相关人员参与此次研究，这些参与者包括CET考试相关人员（含试题设计者、试点高校的相关负责人），这些人员是高校的教学管理者、高校英语教师或学生。数据收集采用课堂观察、访谈和问卷调查三种方法。其中，课堂观察和访谈属于定性研究，针对性较强；问卷调查是定量研究，信度较高，有助于增强研究结果的概括性。这些研究方法都经过多次实验论证并反复修改，具有较高的信度和效度。除此之外，这三种方法互相印证，从多个角度进行检验，确保研究的质量。

A 课堂观察

根据 Ullmann & Geva 的“目标语课堂观察细目表”和辜向东的“大学英语教学课堂观察细目表”，我们设计了大学英语听力教学课堂观察细目表。该表为分析型五度量表，主要内容包括听力课堂上教师和学生使用英语的情况、课堂教学时间的分配、呈现的听力知识、训练的听力技巧、课堂上使用的材料及呈现方式、教材的完成情况、教学设备的情况、学生课堂活动的参与度、课堂教学活动的类型、教师给予学生的反馈等。

此次研究所选择的学校中包括 2 所教育部规定的四级网考试点高校。为深入研究，我们对未参与过网考的一部分英语教师进行了 160 学时的听力课堂观察和记录。课堂观察的目的是了解四级网考前大学英语听力课堂教学的特征。同时，我们还对 2 所高校参与四级网考的 20 名教师听力课堂教学进行了 64 学时的课堂观察和记录，目的在于掌握四级网考对这些教师的听力教学产生的反拨作用。

B 问卷调查

在研究的过程中，我们参考了 Alderson & Wall 的“反拨效应假设”理论及辜向东的五份“大学英语四级考试反拨效应实证研究”的问卷调查表，设计出“大学英语四级网考对听力教学的预期反拨作用研究”的教师问卷、学生问卷、教学管理者问卷和“大学英语四级网考对听力教学的早期反拨作用研究”的教师问卷、学生问卷、教学管理者问卷共 6 份。问卷中的题项含五度量表、填空、多项选择和开放型问题等。“大学英语四级网考对听力教学的预期反拨作用研究”问卷内容主要包括大学英语四级传统笔考的性质特征及其正向反拨作用和负向反拨作用、未参加过四级网考的教师的听力课堂教学情况、对大学英语四级网考反拨作用的预测。“大学英语四级网考对听力教学的早期反拨作用研究”的问卷内容主要包括大学英语四级网考的性质特征、正向反拨作用、负向反拨作用、听力课堂教学情况、促进大学英语四级网考对我国大学英语听力教学正向反拨作用的建议等。在研究过程中，我们对四级网考非试点校的 50 名教师及 500 名学生进行了问卷调查。同时，此次研究还对网考试点校参与网考管理和组织工作的 8 名教学管理者、参加过四级网考监考工作的 20 名教师及 500 名参加过四级网考的学生进行了问卷调查。最后，使用统计软件（SPSS）对问卷调查的结果进行数据分析。

C 个人访谈

访谈是在 2 所试点学校内进行的，对象包括 5 名负责大学英语四级网考的领导、接受了课堂观察和问卷调查的 10 名教师和参加四级网考的 40 名学生。为了使访谈尽可能自然，避免误解，没有进行录音或录像，只在访谈过程中笔录了要点。最后，我们将笔录的内容输入电脑中，使用统计软件（SPSS）对数据进行归纳分析。

5.3.3.4 调查结果及其分析

A 四级网考对高校英语教师和听力教学所产生的反拨作用

通过对教师的个人访谈及问卷调查，我们发现在高校英语听力教学方面，参加过四级网考的教师和未参与过四级网考的教师之间存在明显的差异。而在网考的正向反拨作用方面，教师的观点没有呈现显著性差异。因此，可以得出大学英语四级网考对大学英语听力教学产生了明显的正向反拨作用。调查结果显示，78%的教师都肯定了四级网考的必要性，86%的教师对命题形式和内容给予了肯定的评价，并认为现行的四级网考比传统的笔考更能测出应试者的语言应用能力。一部分教师指出："任何考试进行改革时，效度将是永恒的主题……因此，四级考试改革应在确保考试公平、公正的前提下，提高考试的效度，即更有效地测出其应测的语言应用能力。"同时四级网考改革在很大程度上提升了四级考试的效度，产生了积极的正向反拨作用。四级网考在高校英语听力教学中所产生的反拨作用集中表现在以下几个方面。

（1）四级网考在听力教学材料与内容方面所产生的反拨作用。通过调查，我们发现90%的教师在授课过程中都加入了视听说材料，内容包括短篇新闻、中长篇对话和视频等，他们认为这样的授课材料与内容不仅有时效性而且更贴近生活。除此之外，他们还认为视听说材料为学生提供了语境，更有助于提高听力理解能力。全部的教师均认为随着网考的实施，有必要修订现行的大学英语听力教材。还有教师建议用视听说教程替代听说教程，测试时增加视频题量。除听力环节外，许多教师表示会在听力教学中辅导学生练习口语，纠正语音语调，加强跟读、发音的练习。由此可见，四级网考的一个重要反拨作用便是拓展了听力教学的内容，添加了语音环节，更新并完善了教学材料。

（2）四级网考在听力教学方法方面所产生的反拨作用。通过研究，全体被调查教师都认为随着网考模式的实施，听力教学方法会发生改变。多数教师认为四级网考中听力比重大，促使学生课下进行大量的听力练习，所以教师在教学方法上出现了重心的转移，从讲授教学内容转移到给学生以听力自主学习策略的指导，从而使他们能够在课下进行高效的听力自主学习。72%的教师在授课过程中采取了任务型教学法、习明纳尔教学法（seminar）等教学方法；42%的教师认为情境教学法（Situational Language Teaching）在视听说教学中比较适用，主张学习英语必须通过真实的交际情境，因为真实的交际情境能够有效调动学生学习英语的积极性。一位教师在访谈中说道："在缺乏英语语言环境的条件下，视听说教学能整合出具有社会性、真实性、趣味性及多样性的教学内容，为学生营造了一个动态的、变化的、较为真实自然的语言学习环境，极大地激发了学生的学习兴趣，提高了学生参加各项教学活动的主动性。”

(3) 四级网考在听力课程设置方面所产生的反拨作用。调查结果显示，96%的教师认为应该增加听力课程的课时，91%的教师提出了减少听力课班额的建议，比如由60人/班缩减成30人/班，以提高授课效果。

除此之外，个人访谈、问卷调查的结果还证实，四级网考在高校英语教学目标、教师的教学态度方面产生了一定的影响，且这种影响会因学校和教师的不同而有所差异。上述问卷调查和个人访谈结果只是反映了部分教师的看法和观点，为验证其与现实的教学情况相吻合，我们分析了对参加了四级网考的教师进行的课堂观察结果，并与未参加四级网考的教师课堂观察结果进行了样本检验。结果发现参加过网考的教师听力课堂中的单纯音频听力练习明显减少，视听说听力练习明显增多。同样，语音指导、跟读练习、语言运用方面也有显著性增加。策略指导方面，从数据表面来看，略有增加，但通过样本检验分析，并不存在显著性差异。这种状况与我们在问卷调查及个人访谈中所得出的分析结果保持一致，证实了所搜集的数据具有一定可信度。

B 四级网考对学生及其学习过程、产出所产生的反拨作用

根据学生个人访谈、问卷调查的数据，我们发现大学英语四级网考对学生学习产生了一定的正向反拨作用。所有参加过大学英语四级网考的学生都肯定了四级网考的必要性，并认为现行的四级网考虽然比传统的笔考难度更大，但是对应试者的能力要求更加综合，更能测试出运用英语的综合能力。相关数据显示，参加网考的学生和未参加网考的学生在这一问题上不存在显著性差异，他们普遍认为四级网考对听力学习会有积极的作用。除此之外，79%的学生认为四级网考听力测试中所选用的语言与现实生活中可能听到的话语更为一致；95%的学生认为四级网考听力试题所涉及的话题更广；92%的学生认为四级网考在英语听力方面的要求为英语学习（特别是听力学习）带来了更大的动力。

但是，学生在四级网考的形式及内容方面的观点却存在较大的差异。在听力部分的测试比例方面，38%的学生认为非常大，23%的学生认为较大，45%的学生认为合适。关于网考检测实际能力的可信度问题，58%的学生认为一般，因为“很多不太熟悉电脑操作的同学不适应这种考试形式，影响真实水平的发挥”。这和79%学生认为使用电脑进行考试的操作难度较大的看法相一致。学生认为四级考试听力的语速比较快（85%），答题时间短且答过的试题不能返回修改（91%），变相增加了试题难度（94%）。调查结果显示，四级网考对学生学习过程产生了重要的影响，这种影响集中反映在以下四个方面：

(1) 有相当一部分学生为了真正掌握四级网考的操作方法，提前进行了相

关的网考模拟练习。他们主动找时间登陆一些网考模拟网站上进行练习，如加拿大灵通集团开发的四级网考网站（http：//www. speak2me. cn/index. php/honor/luweKpIAeb=zO）。除此之外，学生还学习使用英文来接收及发送电子邮件，用英文进行网络聊天，浏览英文网站，渐渐尝试英文网上阅读。

（2）75%的学生开展了大量的听力练习，特别是视听练习。正如一位学生在访谈中说道："我现在经常去专业的英语听力网站练习英语听力，网上收看 BBC、CNN、CCTV-9 等英语视频节目，了解英语视频的特点，熟悉一些热点题材，多积累一些时事新闻或热点话题讨论的专题节目知识。"有一位学生在问卷中写道："本人的经验是多进行英文听写练习，虽然听写训练有点枯燥，有时让人感觉崩溃，但听写练习多了，考试中的听力和听写应该不在话下。"还有一位学生在问卷中写道："我每周看一两部经典英文电影，或网站上的英语视频，先不看字幕听一遍，然后看着英语字幕再听两三遍，再作笔记来扩大记忆空间。"

（3）大部分学生学习了各种各样的计算机操作技能，例如网上学习、快速打字、跟读录音等。如一位学生所说："我平时经常练习英文录入，这样可以提高四级网考中的考试速度，不至于自己紧张。"

（4）92%的学生反映自身在参加四级网考之前，进行了大量的跟读练习，如跟读《新概念英语》内的文章，而后进行复述。学生认为这样能提高自己的句子跟读能力，纠正自己的发音。跟读的同时学生还模仿了标准的语音语调。

总而言之，四级网考在学生的听力学习过程中发挥了积极的正向反拨作用。学生比以往更重视听力学习，投入听力学习的时间明显增多，听力学习的方法明显改善，跟读的口语训练得到了增强，自身的听说能力得到了提高。

C 四级网考对高校英语教学管理者、教学管理所产生的反拨作用

对参与了网考试点工作的教学管理者的访谈及问卷调查的研究结果表明，大学英语四级网考对听力教学和学生的学习产生了正向反拨作用。教学管理者都指出国际上大规模考试，如 TOEFL、GRE、GMAT、BEC 和 IELTS 等，都全部或部分采用了网考的形式。因此，四级网考顺应了国际上大规模考试的要求，是大势所趋。除此之外，92%教学管理者认为四级网考更符合《大学英语课程教学大纲》的规定，更能实现大学英语课程教学目标，更能提高学生的英语综合能力，特别是听说能力。87%的教学管理者认为四级网考能大量节约各种考试成本，免除了试卷印刷、扫描、保管环节，能节省大量人力物力，有利于环境保护。所有管理者都认为网考采取的是一人一机一套题的考试方式，考题从题库中随机抽出，因此能有效地防止日益严重的作弊现象，考前泄密或在考试过程中利用通讯手段作弊的现象有望杜绝。研究结果还证实，四级网考对高校英语教学管理产生了正向反拨作用，这种正向反拨作用集中体现在以下四个方面：

（1）四级网考逐步完善了高校英语的教学资源及硬件设施。教学管理者都

认为四级网考的实施要求各高校进一步加强信息化教学的硬件建设和资源建设。通过对部分高校教学管理者的问卷调查，我们发现一部分高校尚不具备全方位推广四级网考的基本条件，其中一个重要的原因便是这些高校的机房及网络配置不能满足网考的要求。对试点院校的调查表明，网考试题内容的传送需要专用的网络系统，现在的网考（computer-based test，CBT）与 TOEFL 等基于国际互联网的网考（internet-based test，IBT）不同，四级网考只是在局域网内进行。因此，四级网考对机房和网络的配置有着较高的要求。所有的教学管理者都表示在可能的情况下要尽快购进所需的硬件和配置，以满足四级网考的要求。已有一部分高校已经购置了网考所需的部分硬件和配置。同时，这些试点高校均采取措施优化及完善教学资源，购进了大量的视听说材料及相应的配套设施，以提高高校英语听力课程的教学质量。

（2）四级网考有效推动了高校英语听力教学改革，完善了高校英语听力教学及其测试体系。教学管理者一致认为："考虑到英语教学大纲对语言应用能力的重视及英语四级网考中听力理解分数比重的增加，大学英语听力教学必须不断地改革，从而调动师生参与听力教学的积极性，不断提高教学效果，切实提高学生听力技能和表达技巧。"一部分试点院校以四级网考为发展契机，对以往高校英语听力的课程设置、教学内容、教学方法、教学模式等进行了改革，在授课内容中增加了视听教学及语音教学的环节。同时，试点高校参照四级网考的考试内容和模式，改变了校内测试的考试内容和形式，加大了听力考试分值比例，添加了视频考试形式，增加了在线视频 BBC、CNN、CCTV-9 等选材，同时增加了语音测试和口语测试，综合测试学生的语言应用能力。

（3）四级网考增强了立体化教材的建设及应用。85%的教学管理者提出了加强教材建设的建议，认为目前听力教材内容比较正式并偏重书面用语，与现实生活有一定的距离，学生学习兴趣不高，主动性、积极性较差。而四级网考内容与日常生活联系紧密，非正式的内容和生活化的词汇非常多。因此，加强立体化教材的建设尤为重要。当前，已经有一部分高校在分级教学过程中全部使用了立体化教材，并将按照实际状况渐渐全面推行立体化教材的应用，以为学生营造更加真实、更加合理的语境，最大限度提升学生的听说能力。

（4）四级网考在一定程度上扩展了学生在听力方面的自主学习空间。所有教学管理者认为要提高英语听说水平，一方面需要教师在课堂上的组织引导和学生的积极参与，另一方面主要依赖学生的大量实践。四级网考对学生的听说能力有了更高的要求，而课堂上由于受课时的限制，学生参与练习的机会非常有限。为弥补传统课堂听说训练的不足及强化听力能力意识和习惯的培养，一部分高校在教学管理中要求学生在规定的时间内，借助网络平台，进行听力自主学习，增强自主学习能力。与此同时，学校组织学生参加和英语学习相关的群体性活动，如收看 CCTV-9 播放的英语节目、开办主题沙龙、开办讲座、开展英语辩论赛等，这些活动有效提升了学生对听力知识的应用能力，拓展了学生的听力自主学习空间。

5.3.3.5 提升四级网考正向反拨作用的对策

通过问卷调查及个人访谈的形式，教学管理者、教师、学生及参与研究的试题设计者针对如何发挥四级网考的正向反拨作用提出了以下几条建议：

A 增强四级网考相关的网络及硬件设施建设，完善应急措施

通过问卷调查，一部分教师提出了在四级网考的过程中经常会出现一些突发状况，且这种突发状况的发生频率远远高于传统纸质考试。四级网考对设备要求高，技术依赖性强，一旦出现问题，监考人员可能无计可施。有一部分学生在问卷里反映了因登陆失败和电脑故障而未完成考试的经历（如电脑黑屏、无法输入答案、电脑重启、无法登陆等）。因此，为保证四级网考的效度，必须不断完善用于网考的网络和硬件设施，创造安全、便捷、高效的考试平台。除此之外，在正式推行四级网考的时候，应该建立对应的应急机制，以使学生在公平良好的考试氛围中充分发挥出自身的最佳水平。一位老师提出如下建议："在考试过程中，个别学生的确遇到特殊情况，能否考虑允许他们暂停一下，为他们顺延相应的时间，而不是必须占用考试时间。"

B 完善四级网考相关软件及试题设计，提升网考的信度及效度

通过调查，我们发现试点学校所开展的四级网考也暴露出网考软件存在一定的缺陷。如一位教师在问卷中写道："阅读题的问题很多，许多考生忘记翻页，误以为只有在页面上显示的几个问题"。因此，该老师建议设计考试界面时加上提示标志。学生在访谈中也反映："所有的题目都已经预设了答题时间，而且很短，如果在答题时间内没有答出，或不能通过键盘及时输入答案，将自动进入下一题，不能回头再答卷。我们已经习惯了自己安排时间，对此很不适应。"我国部分学者也发现了网考软件的问题："此次试点高校分别采用四种不同的考试软件，这些软件由清华大学出版社、上海外语教育出版社、外语教学与研究出版社和高等教育出版社软件研发。考试软件不统一使各地考试难度不一，影响考试的信度与效度。"因而，为了解决上述缺点，应该统一考试软件的设计单位，对考试软件进行优化，完善相应的软件设计。

从试题设计的角度来看，一些教师指出跟读题测试并不具备太大的意义，还不如延长自我陈述及回答问题的时间。还有老师指出"听力比重过大，由于写作等测试建立在听力理解的基础上，如果学生听力水平不够，会导致其他技能测试失败"。因而，有必要采取措施完善四级网考的试题设计，以提升考试的信度及效度，精准、客观地测出学生的英语应用能力。

C 拓展测试语料，加强四级网考题库建设

四级网考最突出的一个优势便是一人、一机、一套题，这种考试方式能够有效预防作弊现象，但同时也要求设置大量的测试题。一位教师在访谈中说："我个人认为题库规模仍然太小，在一次考试中就能看到一些题在好些学生电脑上重复。"一个学生也在访谈中说："当时我惊讶地发现旁边那个同学和我做的 repeating 是一样的，正好我的速度比他慢一点，这就等于，我能听三遍……"。为保证考试的公平和效度，必须增加题库中的试题量。同时，四级网考的听力材料要求用鲜活、原汁原味的材料，如 VOA、BBC、CNN、CRI（China Radio international）等，不能删减。材料来源狭窄，时效性较强，其难度、语速、长度也各不相同，这就要求很多试题设计者参与四级网考的试题设计，同时从各个渠道尽可能多地收集测试语料。选择测试语料需要有科学依据，难易度要相当，尤其是视频材料，其难度、语速、长度要尽量统一。试题完成后，必须经过等值处理，使不同的试卷之间具有可比性。四级网考题库中必须要存在大量的科学有效的测试题，才能够实现四级网考的最终目的，提升四级网考的信度及效度。

综合以上论述，网考作为一种新型的考试形式，对高校英语口语教学起到了指挥棒的作用。尽管四级网考目前仍旧处于发展阶段，但是已经为一部分高校的大学英语听力教学带来了本质性的影响，且其所产生的正向反拨作用远远大于负向反拨作用。传统的笔考侧重考查阅读能力，网考则强调英语实用能力和综合应用能力的测试，所以大学英语四级考试的主流发展趋势应是网考模式，但受上文分析的种种因素的制约，全面推广网考仍是一个较长的过程。基于网考要求，我们对试点学校的学生开展了基于听说能力培养的以网考促学习、提高学生英语综合能力的教学改革与实践，改革主要侧重于基于网考的教学模式改革、教学评价改革以及自主学习改革，旨在优化教学模式，提高学生英语综合运用能力。通过对试点学校学生有针对性的教学和实践，我们探索出了一条在计算机和网络教学模式下，改进非英语专业英语教学，提高非英语专业学生的英语综合能力的有效途径。此次研究结果将为四级网考对促进学生综合能力培养的作用方面提供有说服力的解释，同时也为同类院校艺术生英语教学提供有益的借鉴。这里需要指出的是，此次研究属于对四级网考的早期反拨作用的研究，进行后续的历时研究将有助于加深对四级网考考试效度的了解，促进四级网考发挥更大的正向反拨作用，并能有效地促进大学英语听力教学的改革，从而提高学生的英语综合应用能力。

5.4 测试与训练系统在高校英语四级网考培训中的应用

考虑到我国高校学生普遍存在英语听说能力不高的现象，教育部颁发了《大学英语课程教学要求》，强调听说能力在未来社会发展及国际交往过程中所发挥的重要作用，并以此为依据进行了高校英语教学改革。2008 年，开始试行的大学英语四级网考加大了听说部分的比例，体现出我国教育部门对语言应用能力的重视，因此当前主要的教学目标之一是培养学生听说能力。网考是近年来兴起的信息技术应用于教育测评领域的方式之一，最早由国外引用，从 2008 年开始大规模在我国进行试点应用。

当前，信息技术在优化教育教学方面的应用越来越广泛。随着大学英语四级网考的逐渐普及，针对网考的各种考试与培训系统越来越引起研究者、系统开发人员的重视。各方学者已经认识到高校英语的教与学更需要创造信息化的环境，通过应用信息技术来优化高校英语教学的过程，进而培养出具有较高听说能力的创新型人才。在此背景下，由外语教学与研究出版社推出的高校英语测试与训练系统应运而生，其宗旨是“以练促学，以测促教”。该测试与训练系统在一定程度上缓解了学生对网考试题陌生、无法有针对性进行测试与训练的情况，同时也在一定程度上缓解、减轻了教师从命题、模拟考试到阅卷过程中人力和财力的投入。

本书通过详细介绍针对大学英语四级网考所研发的测试与训练系统及其在四级网考培训中的运用，得出对该系统的评价、应用建议及改进措施，以期为其他院校开展四级网考培训提供珍贵的经验。

5.4.1 教育信息化、测试与训练系统相关知识

5.4.1.1 教育信息化的基本理念

教育部印发的《教育信息化十年发展规划（2011-2020）》中提到，充分利用现代技术设备支持教学，促进教师与现代技术的接轨。通过大力倡导教育信息化使信息技术与教育融合发展的水平显著提升。2018 年，教育部正式发布《教育信息化 2.0 行动计划》，积极推进“互联网+教育”发展，构建网络化、数字化、智能化、个性化、终身化的教育体系，推动我国教育信息化整体水平的提升。各项政策措施的制定，为教育信息化与高校英语教学的融合提供了有力支撑。

教育信息化理论的核心内容是将信息技术和课程有机结合起来，通过创造或者营建信息化的教学环境来推行新型的教学方式和学习方式，进而充分调动学生的学习积极性及主动性，实现培养创新型人才的目标。教育信息化强调要运用信息技术优化教育教学过程，真正有效地将信息技术与课程进行整合，使信息技术能够支持教学情境创设，进而启发学生进行思考，实现资源共享、协作学习等目标。

5.4.1.2 高校英语测试与训练系统

高校英语测试与训练系统是一个综合测试管理平台，囊括了大量高质量的英语试题资源，为高校提供了专业化的在线测评平台。该系统集测试、自主训练、教学、科研平台于一体，可全面满足高校英语教学在线标准化英语测试、个性化英语技能训练、专业化测试分析与教学诊断以及开展课题研究等的需求，并以其权威、科学、便捷、真实和测教研相结合的特点助力高校大学英语教学。

北京外国语大学通过对高校英语测试与训练系统的使用，认为该系统是自主学习教程中至关重要的补充。在自主学习模式下，学生容易失去方向，也摸不清自己的水平。测试系统中丰富的标准化训练与测试能让学生了解自己的不足之处，从而有针对性地练习，真正达到自主学习的效果。

A 高校英语测试与训练系统的体系和结构

高校英语测试与训练系统集平台、试题库、支持、服务于一体，功能齐全，系统结构相对完备科学，界面简洁，使用方法极为简单。

高校英语测试与训练系统的学生界面由个人设置、我的验证码、学校通知、班级注册、测试记录、学习记录、我的题库、插件下载、软件调试、用户指南组成。学生可以通过测试记录查看模考题的答题情况；通过学习记录查看各个训练与考试题型的试题总数、已练题数、未练题数、练习完成率以及练习正确率。学生可以按照自身的英语水平、学习进度等来选择练习和测试，自我管理，这在很大程度上实现了真正的自主学习和练习。

高校英语测试与训练系统的教师界面极为简洁明了，由个人设置、学校通知、学校考试管理、班级注册、插件下载、用户指南试卷管理、阅卷、查看测试记录、班级论坛等组成。教师通过班级通知对班级或个人练习、考试进行相应的通知，通过试卷管理进行组卷、添加或借用试卷并发布考试；通过阅卷批改主观试题并通过查看测试记录了解学生学习或考试情况，进而给以相应的指导。教师通过查看学习记录主要是了解学生基础、专项等的练习情况，针对学生的学习特点进行评价。教师通过班级论坛这个模块可以对学生进行问题解答，还可以对班级成员进行管理。

高校英语测试与训练系统使用起来极为便捷，学生可以通过任意一台连接到校园网的计算机使用该系统，完全不受地点及时间的限制，学生甚至可以利用课下时间在宿舍内使用。由于该系统的考试资料较为丰富、组卷方式极为科学灵活，学生完全可以利用该系统进行大量练习，进而提升自身的英语学习成绩。

B 高校英语测试与训练系统的特征

高校英语测试与训练系统是率先对试题进行预测试，以确保其科学性的一个测试平台；唯一提供专业考试数据统计分析的测试平台；唯一实现教学、测试与科研相结合的测试平台；首个全真模拟大学英语四级网考的测试平台。其中，针对大学英语四级网考培训，该系统显示出以下几个重要特征：

（1）高校英语测试与训练系统通常进行分块设计，循序渐进。高校英语测试与训练系统分三大模块，即语言基础训练、专项能力训练以及模考中心。教师可以根据学生的学习特点为他们安排个性化、有针对性的测试与训练；学生也可以根据自己的学习特点从基础到专项再到模考循序渐进地进行自主学习与训练，检测自己学习的效果。

（2）高校英语测试与训练系统的测试内容相对较为丰富，呈现形式多种多样。该系统基于网考题型和内容设计测试与训练题目，题型从音频单选听力练习、视频单选听力练习到音视频听力填空练习，从口语跟读练习到视频综合练习；内容多样，访谈、采访等音、视频材料以原语料形式呈现，营造出真实的听说训练环境。

（3）高校英语测试与训练系统支持自动组卷、借用试卷，能够快速出题。该系统参照大学英语四级网考，创建真实测试环境，帮助学生熟悉网考操作和考试流程；采用大学英语四级网考口语评测技术标准，确保口语评测结果准确，具有指导性。

（4）高校英语测试与训练系统支持机器阅卷，并提供明晰易读的成绩报告，有助于开展针对性的分析研究。客观题由机器批阅，教师重点批阅主观题目。阅卷结束之后，系统自动提供每个学生的成绩报告。教师利用系统自动提供的考试数据，对成绩进行个性化分析，从而对学生学习特点进行有针对性的辅导。

5.4.2 测试与训练系统在高校英语教学中的应用

5.4.2.1 高校英语测试与训练系统的应用及成效

A 高校英语测试与训练系统的应用

高校英语测试与训练系统作为一种主要的四级网考培训工具，在日常教学、网络测试过程中发挥了至关重要的促进作用。近年来的各种在线测试与学习系统的题型一般都是单选题、多选题、判断题和填空题等客观题型，相比之下，主观题型很少。高校英语测试与训练系统正好弥补了这个缺陷。除上述客观题型外，该系统还设计了基于音视频材料的跟读题型、填空题型、写作题型等。高校英语测试与训练系统在网考培训过程中，主要具有以下几个方面的作用。

（1）模拟训练手段。高校英语测试与训练系统构建集教师教学和学生学习、练习、测验一体的教学平台，在课程教学课时有限的状况下，利用该系统可为学生提供一个能够自主学习、自主练习、自主测验的网络学习环境，以巩固学生课堂上学习到的基础知识，使他们能够熟练运用新知识。课堂教学时间有限，因此课外在线学习将是一个不可缺少的学习手段。任何在线形式的教育要想保证高质量，必须将教师以及传统的教育过程纳入在线模式之中。学期伊始，教师为学生制定网考模拟训练计划，其中包括有针对性的基础、专项训练和每周两次的模拟考试；每次模考中，每个学生的弱项均将是下一周基础、专项训练的重点。在模考中发现问题，利用基础、专项训练进行巩固，二者在动态中相互补充，提高学生的听说能力。利用高校英语测试与训练系统，教师真正实现了从出卷、审卷、监考到阅卷、成绩归档的整个考试流程的信息化管理。

（2）形成性评估手段。高校英语测试与训练系统作为一种新型的学习系统，成为日常教学中 的一种形成性评估手段。该系统能够记录学生的基础训练、专项训练、模考、考试的所有成绩，因此不失为一种高效的学习过程评估手段，其中教师作为指导者、监督者要起到指导、监督的作用。跟读题型可以测试学习者语音、语调、对英语发音规则的掌握、流利性和语法能力。跟读题型对口语教学和学生课后的口语练习有着良好的反拨作用。由于课堂教学时间有限，因此学生口语练习较少，口语一直是学生最薄弱的环节。口语辅导、口语考试需要大块的时间和大量的教师，利用高校英语测试与训练系统可以解决这个问题。每周给学生布置跟读练习；教师定期检查登记成绩作为形成性评估的一部分；期中进行一次大型口语考试，间接地帮助学生提高口语能力。相关学者的调查结果发现，学生对网考中的跟读题型的有效性评估为 3.01，说明该题型难度大、紧张程度大、适应程度低，计算机熟练程度对考试成绩影响较大。这在一定程度上证实了利用高校英语测试与训练系统能够进行课外口语在线练习，这种练习成效也成为形成性评估系统的一个重要组成部分。

（3）个性化学习。根据《大学英语课程教学要求》的相关规定，个性化教学及自主学习在学生学习过程中发挥着重要的作用。但是大学英语教师普遍存在教学任务重、科研压力大的现象，这导致他们课外没有足够的时间和精力进行个性化辅导。加之，所教班级学生人数普遍偏多，个性化教学和辅导难以真正实现。同时，一般情况下，课堂教学与课外指导相比，更受各大高校的重视。

高校英语测试与训练系统作为教师指导监督下以学生为中心的主要学习手段，充分考虑到学生的个人需求。在这个系统下，教师根据每个学生的学习特点，安排课下任务，让学生自己选择题数、自主选择训练时间、自主评估学习效果，学生提交后，立刻会收到自动反馈；遇到问题利用教师定期、在线答疑或课堂提问解决。通过这种方式，学生能够实现真正意义上的自主学习，还能够有效培养及提升自主学习能力。

B 高校英语测试与训练系统的使用成效

某二本院校的材料工程专业、服装工程专业、艺术专业的工科和艺术系学生经过半年的 iTEST 课外辅助测试与训练，于 2018 年参加了全国大学英语四级网络考试（IBT-band 4），随后又参加了同年的全国大学英语四级笔考（CET-band 4）。考试结果显示，学生的网考通过率为62%，艺术类学生的网考通过率为39.2%。与以往的考试成绩相比，通过率均有所提升。考试结果还显示，工科学生网考通过比例接近笔试，艺术学生网考通过比例甚至超过笔试，这说明利用高校英语测试与训练系统作为网考训练的辅助系统，对学生的成绩提高有一定的促进作用。

根据学生网考听力成绩和网考口语成绩、网考总成绩、笔试总成绩之间的相关系数来看，网考听力成绩和口语成绩呈弱相关，与其他两项成绩之间呈中相关，说明学生听力水平的提高在一定程度上带动了其他能力。从网考总成绩和笔试总成绩的有关系数来看，以高校英语测试与训练系统作为辅助的网考训练对四级笔试发挥了一定的助推作用。

5.4.2.2 高校英语测试与训练系统的优缺点

A 高校英语测试与训练系统的优点

教育信息化自始至终强调要运用信息技术优化教育教学过程以促进教育教学效果、效率与效益的最大化。高校英语测试与训练系统作为教育信息化的一种主要表现形式，显示出一定的优点。

从教师（即使用者）的角度来看，高校英语测试与训练系统的优点集中表现在以下几个方面：

（1）可以作为网考冲刺阶段有效的模拟训练手段。

（2）可以指导学生进行有效的自主学习，检测学生自主学习情况。

（3）可以作为电子学档，进行多元化评价，检测学生的学习效果。

（4）可以基于测试的成绩统计进行有针对性的科研或教学研究。

（5）可以实现从出卷、审卷、监考到阅卷及成绩归档的整个考试流程的信息化管理。

从宏观的层面上看，高校英语测试与训练系统具有以下几个优点：

（1）大幅度节约了考试成本，有效避免了一次性印制考卷所产生的费用及后期阅卷所产生的人力成本。

（2）提高了试卷审阅效率。

（3）大大降低了考试组织的劳动量和考生作弊的可能，简化了考试组织的过程，提高了保密性。

B 高校英语测试与训练系统的缺点

我们在使用高校英语测试与训练系统的过程中还发现了一些缺点。这些缺点集中表现在以下两个方面。

（1）由于网络带宽有限，音频等内容的传输出现了一定阻碍，最终导致视频出现延时的现象、语音出现断裂的现象。又由于使用的是校园局域网，经常出现试题中间断网或死机等问题。

（2）题库内的试题数量有限，题目数量还需要进一步完善。我们设定了学生自选题目的百分比例，由于目前该系统属于使用初期，因此网考模拟题量有限；除此之外与真题相比缺少口语回答问题题型。

C 注意事项

在使用高校英语测试与训练系统的时候，需要注意以下几个问题：

（1）配套的校园网的建设不完善，硬件投入不足将会影响该系统的正常使用。

（2）定期进行计算机硬件、软件的维护，提高使用效率。

（3）对新的方法和手段不适应会导致系统的应用效果不明显。

（4）一部分教师的现代教育信息技术能力有限。若是教师的技术培训不到位，将会影响到该系统的功能的发挥。

5.4.2.3 改进高校英语测试与训练系统的建议

当前，各大高校在使用高校英语测试与训练系统的过程中收获颇丰，学生的四级网考成绩也相对理想，但高校在使用的过程中也遇到了各种问题。针对这些问题，我们认为可以从以下几个方面出发，对该系统进行改进：

（1）使系统环境能够适应各种网络环境以及浏览器。

（2）使内容或资源更丰富，美国语言学家 S. D. Krashen 的输入假设提出语言习得者只有在接触大量可理解性输入材料的基础上，才能产生输出，语言习得才有可能。

（3）使学生能够看到自己成绩的变化，这样能促进个性化学习。

（4）搜集各个单位使用该系统所遇到的各种各样的问题，对每个单位举办一次专门的培训，介绍使用中可能遇到的问题以及解决方法。

（5）增加一个资源库模块，将最新的新闻音、视频材料汇聚起来，增强学生的兴趣。

（6）设置答疑热线，随时解答学生在使用该系统过程中所遇到的各种问题。

基于教学目标的测试与训练系统平台为英语教学提供了一个优质的教学环境，对深化英语教学内容和教学方法改革、推进以听说为主体的英语教学新模式，对培养学生的语言能力、交际能力和综合素质等都有着重要促进作用。因而，开发、推广及使用为高校英语教学服务的测试与培训系统是深化我国高校英语教学改革的必然选择。

总而言之，高校英语测试与训练系统能够在最大程度上迅速解决四级网考准备过程中出现的练习不足、资源有限的问题；同时，该系统也是一个有效的尝试，它对大学英语四级网考教学是一个极大的促进，对辅助学生网考测试和减轻教师工作量起着重要的作用，更重要的是该系统作为语言教学的辅助较大地提高了学生应用语言的能力，激发了学生的学习兴趣，实现了真正意义上的优化教学。除此之外，该系统突破了以往的测试理论，在实践方面积累了大量的经验，是一种科学可行的测试方案。

5.5 英语四级网考与笔考的对比研究

当前，高校英语四级网考改革在全国范围内逐渐开展。在这种情况下，四级笔考的优缺点渐渐暴露出来。本书对某一高校内参加 2018 年大学英语四级网考（IBCET-4）和大学英语四级笔考（PBCET-4）的考生的网考、笔考成绩进行分析，从被试者的角度分析该类学生对网考模式的适应情况。通过问卷调查了解学生对网考和笔考各类题型比较之后的反馈，进而对网考、笔考成绩进行相关性、差异性因素分析，旨在了解这些学生学习特点，为四级网考的效度调查从被试者角度提供数据支持；与此同时为其他院校学生参加未来网考积累宝贵的经验，同时也发掘其对我国高校英语教学的启示作用。

5.5.1 国内外关于网考与笔考的对比研究

当前，传统的基于纸笔的语言测试方式正逐渐转变成基于计算机的语言测试。近十几年来，计算机化语言测试由机助语言测试发展到计算机适应性语言测试，并向基于网络的个性化自适应性语言测试发展。

5.5.1.1 国外学者对网考与笔考的对比研究

国外学者在网考模式是否会对考生成绩造成影响这个方面进行了深入研究。然而，由于研究者的测试技能及受测试对象之间的差异，所得出的结论存在较大的差异。Bodmann 和 Mason 等研究者认为得出学生在网考和笔考中成绩相同，无显著性差异。研究者通过实验发现网考不会对英语写作成绩的发挥造成不利影响，而且学生网考成绩比笔考成绩要高。有的研究表明学生在笔考中的作文篇幅较网考的要长，同时在笔考中的写作成绩比网考成绩高，且二者具有显著性差异。Maulan 发现学生的英语水平与网考成绩呈反比的相关性。Breland 等学者分析了 1998~2000 年托福网考的 83 个作文题的成绩，通过考生纸笔写作成绩和在计算机上完成写作的成绩做对比，发现答题方式对写作成绩具有一定的影响。而 Weir 等学者分析了雅思考生的纸笔和计算机写作测试的认知过程和成绩差异，发现纸笔和计算机上完成的作文得分没有显著差异，计算机熟悉程度和考试焦虑因素对考试成绩无显著差异。

5.5.1.2 国内学者对网考与笔考的对比研究

国内学者一部分学者以四级笔考听力测试（听力理解及听写）、四级网考听力测试（听力理解和听写跟读）为主要研究对象，对这两种听力考试的题型、所测试的语言能力、难易程度、相关性等方面进行了对比研究，发现网考听力测试的难度比笔考的要大，对考生的区分度并不比笔考高。一些学者通过对网考作文和笔考作文的对比分析，发现写作媒介和题型的变化对受试者、写作文本和阅卷教师均存在着影响。一些学者从考生的角度探寻考生对网考模式及其所体现的教学理念的接受程度和总体感受，得出学生对网考模式的接受程度有待提升。还有一部分学者研究了两所大学英语四级笔考和网考成绩的相关度以及大学英语四级网考的能力结构建模，发现大学英语四级笔考、网考之间存在较大的关联性，笔考的内部难度系数更加稳定，但是网考的内部相关结构更加完备。由此可见，网考以听为基础的综合题型集中检测了学生的英语综合运用能力。

5.5.2 基于高校英语四级网考和笔考的对比研究

纵观国内外学生的相关研究，我们发现大多数研究局限于对重点院校或工科类学生的研究，对于二本艺工融合类院校学生的研究相对较少。基于这样的背景，我们对二本艺工融合类院校的学生进行了针对性研究，重点对笔考与网考进行对比研究，比较二者在成绩方面的相关性及二者是否存在差异，从而了解学生对网考的适应性及其学习特点。以下提供的分析有助于进一步研究大学英语四级网络考试改革对高校英语教学改革的反拨作用，因此为网考的效度研究间接地提供了数据支持。从这个层面上讲，开展英语网考和笔考的对比研究具有极强的现实意义。

5.5.2.1 研究原则及研究问题

此次研究是一种对比性研究或者替代性研究（a surrogate to the OPI）。根据 Shohamy 等学者的观点，如果同一批考生在笔考和网考中的成绩具有高相关度，则可证明这两个考试具有同样的效度和可替代性。因而，此次研究进行了一项对比实验，对象是某一高校内参加了 2018 年全国大学英语四级考试（CET-4）及全国大学英语四级网考的考生。通过研究，我们主要解决以下几个问题。

（1）网考、笔考各个项目之间具有怎样的相关性？

（2）高分组、低分组之间网考、笔考各项目之间又具有怎样的相关性？

（3）网考、笔考各项目的听力、写作、阅读以及总分之间是否具有显著性的差异？

（4）学生是否适应网考？

5.5.2.2 研究结果分析

通过对调查结果的分析，我们得出以下几点结论：

（1）通过调查，我们发现网考听力与网考总分、笔考总分、笔试听力、笔试阅读呈高相关性；网考口语、网考阅读、网考写作与网考总分呈相关性；笔试总分与笔试听力、笔试阅读呈高相关性。

（2）通过对网考、笔考均通过的学生的各项目之间的相关性进行分析，发现网考听力与网考总分、笔考总分、笔试听力、笔试阅读分别呈高相关性。网考口语、网考阅读、网考写作与网考总分呈相关性；笔试总分与笔试听力、笔试阅读呈高相关性。

（3）高分组、中等分数组和低分组之间网考、笔考各项目之间的相关性调查显示，高分组的网考听力与笔试听力、笔试总分呈相关性，网考总分与笔试总分呈高相关性；而中等分数组和低分组中，只有网考听力与网考总分呈相关性；低分组的网考听力与网考写作呈负相关；网考听力与网考总分在高、中、低三组之间都呈正相关性，说明学生的听力能力提高有助于网考总分的提高；而网考写作和笔试写作在三组中呈负相关或弱相关，这是因为网考写作与笔考写作要求有很大的差异；网考听力与网考写作在三组中都呈负相关或负弱相关。

（4）网考、笔考的听力、写作、阅读以及总分是否具有显著性的差异。单科通过的学生中，网考写作与笔试写作、网考阅读与笔试阅读之间具有显著性差异。这一点体现出两种测试在写作与阅读方面的差异。

（5）根据调查，学生对网考形式的适应情况体现在以下四个方面：

1）听力理解时间较长，对学生的注意力产生了一定的影响。

2）由于写作时没有文字提示，学生有种无从下手的感觉。从这一点来讲，平时的训练引导极其重要。

3）网考写作没有打草稿的时间，但多数学生认为没有任何影响。

4）多数学生能够适应键盘写作。这个结论和一些学者的调查结论存在一定的差异性，主要是因为学生日常生活中经常进行网上写作练习，他们对键盘写作极为熟悉。

（6）通过调查，我们发现学生对网考内容的适应情况集中体现在以下两个方面：

1）由于平时听力练习多为各种题材的短对话、长对话，词汇难度不大，因此大多数学生对网考中听力速度快、词汇量大和词汇难度高以及跟读题型不适应。

2）网考听力内容的选材多数同学能够适应，这与前期训练有关。

（7）通过问卷调查，对网考形式与内容进行相关性分析，我们发现网考形式适应与网考内容适应之间的相关系数为0.492，这说明网考环境下，学生对这种考试形式的适应与对考试内容适应之间存在较高的相关性。这也就表示如果学生适应了网考的考试形式，自然便会适应网考的考试内容。

综合以上论述，通过对比研究，我们发现网考、笔考各个项目之间具有高相关性，特别是网考听力，除了和网考写作之间存在较低的相关度之外，和其他各个项目之间均高相关性，这证实了听力在网考和笔考中均发挥着重要的作用。高分组、低分组学生之间网考、笔考各项目之间也呈现差异性，两组中网考听力与网考总分都呈正相关，但两组的网考听力与网考写作之间、网考写作与笔试写作之间都呈不相关或负相关。机听与机写、机阅与笔阅分数之间具有显著性的差异。这些学生无论是对网考形式还是网考内容都不太适应。

5.5.3 英语四级网考和笔考的对比研究对高校英语教学的启示

高校英语四级网考摆脱了传统笔考模式的弊端，广泛吸收了现代媒体技术、网络技术、信息技术等。为了让学生适应四级网考模式，高校英语教学应更倾向于基于网络环境的多媒体教学。针对网考的特征及学生在学习策略方面的转变及缺陷，教师应该关注以下几个方面的内容：

（1）教师应该重点关注认知策略及补偿策略，培养学生的整体学习策略。语言学习策略是外语学习者积极主动学习的工具。英语教师在课堂教学中培养和锻炼学生主动运用学习策略将有助于学生更有效地提高英语应用能力。在直接策略中，认知策略和补偿策略在应用上的表现差异不明显，表明在加大听力比重和增加口语考查的四级网考备考中，与听力和口语学习相关的认知策略和补偿策略并没有得到学生足够的重视。而这两项策略对弥补学生语言和文化的缺陷起着极其重要的作用。教师应立足情景语境，让学生丰富文化知识，了解英国文化渊源和中西方文化的差异。教师为了掌握学生学习策略的情况，可以通过谈话和问卷等形式调查。教师在教学中除了培养学生整体学习策略，还要避免套用单一的固定的策略，要做到因人而异和因材施教。即使是在英语学习中表现出色的学生使用后效果显著的学习策略，我们也不能期待所有学生在使用后会有同样的效果。教师应该指导学生按照自身的英语水平、学习特征、学习方法等，选择最适宜的学习策略。

（2）教师应该使用情感因素来优化高校英语口语教学的成效，注重自身教学策略的改进。大学英语教学强调在教学过程中教师对学生认知能力的掌握和学习策略的了解，并据此调整教学的过程和教学方法。教师要关注情感策略的培养以优化教学效果。对学生进行情感策略培训，教师要掌握学生的学习动机、认知方式类型、个性特点及学习环境等信息。具体而言，要培养学生学习兴趣，激发学生学习动机，可以在教学过程中加入新颖的教学内容，如英语新闻报道、英美文化资讯、文学欣赏、原声英文电影等，使用多媒体手段多维度地激发学生兴趣，提高学生跨文化交际的能力。除此之外，克服消极情绪，提高学生自信心。消极情感例如紧张、焦虑、沮丧等会降低语言存储和输出的效果，因此教师要全面优化课堂心理环境，多安排小组合作学习。教师在学生回答问题时微笑倾听和提示也会消除学生的焦虑情绪，让学生正确地认识到语言学习作为认知过程，在于学生自身的努力付出和不懈坚持。教师应该使用适宜的学习策略，以帮助学生提升口语测试成绩，指导学生积极面对并准确分析学习过程中出现的挫折，同时还需要关注学生的微小进步，表扬他们在学习过程中所取得的“成功的亮点”，如出色地完成口语对话、流畅地朗读课文、优异的听写单词成绩等，调动学生对英语学习的积极性及主动性。

（3）教师应该充分利用网络立体化教学，构建互动平等、和谐友爱的师生关系。四级网考的推广要求教师更加重视多媒体网络教学。多媒体网络的学习环境包括动画、图像、视频、声音等，为学生提供交互的学习界面。教师可以从网络下载与课程教学主题相关的视频听力、新闻报道等素材，经筛选后上传，让学生们到班级共享平台自主阅读，然后完成相关学习任务，如英文读书笔记、观后感、组织网上讨论等。在网络多媒体教学环境中，教师要转变教育观念，与学生密切合作，给予学生参与课堂活动的自主权，这样可以激发学生的学习积极性，进而调动学生的主动性、自觉性和创造性，让学生在有限的课堂学习中吸取养分。在课堂教学中，师生积极互动、教学相长、共同发展。从根本上改变那种制约教育教学发展的，不利于学生正确人生观、世界观形成的教师角色。教师要做学生心灵的陶冶者、智慧的开启者、成长的引导者。在这种观念的指导下，教师应该侧重于学习过程的设计及组织文化的导入，指引学生进行自主学习，使学生成为学习的主体，创造和谐共生的课堂氛围，构建新型的师生关系。

（4）正确处理好高校英语教学和四级考试改革之间的内在联系。四级考试的改革推动了英语教学大纲在大学英语教学中的贯彻落实；促使学校重视大学英语课程，从而保证了大学英语基础阶段的课堂教学；激发了教师和学生的积极性，极大地提高了学生的语言实践能力。但是在英语教学中不能滥用四级测试。作为“压力感应器”，要摆正它在英语教学中的位置，科学适度地把握教学与四级考试的关系，考试并不是最终的目标，而是为了提升学生的听力、阅读、写作、翻译等各方面的能力，其应该为教学服务，应该尽可能不对教师及学生产生负面的影响或者压力。

在高校英语四级考试改革的背景下，教师应该借助多媒体网络，构建口语教学的教学环境，探索新的教学方法及教学模式，提升学生的学习策略意识，培养学生的学习策略，进而促使学生从多个方面、多个角度出发提升自身的英语应用能力、跨文化交际能力。

5.6 高校英语四级网考学生适应性与焦虑情况

20 世纪末期，世界范围内的大规模语言水平考试，如 TOEFL、CRE、IELTS 等，先后开始实行网考，这在很大程度上加速了基于计算机与网络的语言测试的发展。大学英语四级考试是我国大规模的标准化英语语言能力考试之一，每年有 900 多万人参加，是一个社会广泛认可的大规模标准化高风险考试。为了充分保证考试的公平性和公正性，提高考试效率，适应不断扩大的考生规模，全国大学英语四级考试委员会着手进行了四级计算机化考试的研究。2008 年 12 月，全国有 53 所高校被选为试点院校，首次实施大学英语网络考试。本书我们通过问卷调查及访谈调查的方式，探究某二本院校内学生对大学英语四级网考的适应性及焦虑情况。研究结果表明被调查学生多数能够适应网络考试的形式，但对考试内容感到词汇量太大、难词较多、听力内容长和跟读题型不熟练等。针对于此我们提出相应的改进措施，以提升学生的四级网考能力，进而提升学生的英语综合应用能力。

5.6.1 适应和焦虑的基本概念

高校英语四级网考和传统笔考相比，在题型、出题方向、考试重点等方面存在较大的差异。学生需要利用电脑完成听力、阅读、口语、写作等内容的考试。网考的目的是考查学生英语的综合应用能力。

适应（adaptation）通常指的是个体调整自身的机体状况及心理状态，使二者和环境条件的要求相吻合。考试焦虑是指学生因为要运用目的语而产生的害怕心理，表现为以担忧为基本特征，以防御或逃避为行为方式，通过不同的情绪反应所表现出来的一种心理状态。实践证实，考试形式、考试内容的大幅度转型势必会对学生产生相应的影响。

焦虑（anxiety）指的是由忧虑、担忧、紧张、恐惧等负面情绪相互交织而产生的一种复杂心理异常现象。从 20 世纪 40 年代开始，焦虑成为教育心理学研究及实践关注的焦点。一般来说，焦虑是指个体由于预期不能达到目标或者不能克服障碍的威胁，使得其自尊心和自信心受挫，或使失败感和内疚感增加而形成的紧张不安、带有恐惧感的情绪状态。心理学家认为语言焦虑不是一般意义上的焦虑，而是学生因为要运用目的语而产生的胆怯心理，是影响语言学习诸因素中的主要因素。自 20 世纪 70 年代开始，有相当一部分学者开始认识到语言焦虑会对学习者的思维过程产生一定的干扰，影响学习者的认知活动，已经成为学习者在语言学习过程中所面临的一个普遍障碍。

5.6.2 高校英语四级网考学生适应性与焦虑情况的调查研究

5.6.2.1 研究过程

A 研究问题及研究对象

外语研究者们对一本院校学生网考适应性、网考改革的影响、网考的反拨作用、网考的效度等进行了研究。那么来自二本类院校学生到底对网考的适应性表现如何？是否存在网考焦虑？如果存在焦虑，焦虑的表现又如何？适应性和焦虑之间是否有相关性？这些是此次研究试图要调查探讨的问题。

在具体调查的过程中，对某二本院校内参加 2018 年全国大学英语四级计算机考试的学生进行抽样调查。这些考生没有参加过类似的语言类网考，任课教师对他们只进行了简单的讲解培训并利用 iTEST 进行了几次模拟考试。

B 研究方法

此次研究采用了问卷调查与个人访谈相结合的研究方法，将定量研究与定性研究有机结合在一起，以适应性、焦虑性为研究视角调查来自二本院校学生大学英语四级网考状况，以期为以后的大规模网考提供有效参考和依据。

在调查过程中，所使用的调查问卷严格按照问卷设计的基本步骤进行设计，调查问卷是按照学生对开放性问题的回答设计而成，适应性题目是基于我国部分学者所制定的问卷题目，并做了一定改动；原始问卷设计 29 个题目，经过内部一致性检验，剔除不合格的 7 个。最后，此次研究所使用的调查问卷是由除学生个人信息 5 个题目外，4 个维度下的 17 个题目组成的问卷调查表。即问卷由三个部分组成，第一部分是学生个人信息调查，包括性别、年龄、英语学习成绩和计算机使用年限的基本情况；第二部分是有关大学生对英语四级网考的适应性调查，包括对网考形式、网考内容的适应问题；第三部分是对学生网考焦虑的调查，包括学生对网考形式和内容的焦虑。该问卷采取 Likert 五级量表记分方式，完全赞同（5 分）、比较赞同（4 分）、没感觉（3 分）、不太赞同（2 分）、完全不赞同（1 分），并对反向题目进行了调整。

为了保障此次调查的效度，我们在考试之后的第二个星期对考生进行问卷调查。问卷调查之后，我们又对其中一部分考生进行了开放式访谈。访谈结束之后，我们将此次调查的数据手工录入计算机，最后通过社会科学统计分析软件包 SPSS 17.0 对数据进行了描述性统计分析。

5.6.2.2 研究结果分析

通过调查，得出以下几个结论。

（1）调查结果显示，一半以上的学生认为听力理解时间过长会影响到自己的注意力，且写作时应该设置一定的文字提示。由于日常教学中的各种听力练习时间较短，内容单一、词汇量不大且难度系数较低，因此多数学生无法适应时间长、内容丰富、词汇量大、有一定难度的网考听力。多数学生能够适应键盘写作，适应写作时不打草稿。这个结果与其他学者的调查结果有所不同，出现这种差异性的原因主要有以下两个：

1）与平时学生经常通过网络工具（如微信、微博、QQ 等）进行广泛交流有关；而且近年来，学校加强了计算机课教学，大部分学生使用计算机年限在 9 年以上，学生的计算机运用能力较以往有较大提高。

2）与平时利用冰果智能写作系统、iTEST 测试系统等系统进行大量的限时网络书面写作练习有关。通过在这些系统中进行练习，大部分学生能够适应即时写作，但他们并不能适应缺少文字提示。从这个意义上讲，网考中需要设置相应的提示。

（2）大多数学生对网考中听力速度快、词汇量大和词汇难度高以及跟读题型不适应。而对听力内容的选材多数学生能够适应，这与前期训练有关。通过调查，我们发现学生在“我不适应内容的选材”“我不适应词汇量太大、难词太多”“我总觉得记不过来、听后面忘前面”这三个题目中的标准差较小，说明学生在这几个项目的选择上具有一定的内在一致性。

（3）大部分学生由于第一次参加网考，对网考的信心不足，考前便感觉考题太难，导致考不过。学生会因为考试环境、硬件设备等外因而产生不良情绪。对一些学生的调查发现学生在考试中受到了环境干扰，如机器突然黑屏，耳机声音较小、无法调整而不得不临时换耳机等。还有学生表示，如果同一考场的学生录音调试通过时间稍不一致，便会导致考试不同步。在这种情况下，一部分学生还在做阅读，另一部分学生已经进行到朗读答题的部分，这就会导致一部分学生怕影响到其他人或者被其他人所影响而产生焦虑的心情。除此之外，学生考试时面对的是计算机，缺少“人性化”，这也会对学生的情绪产生一定的影响。由于前期教师对学生进行了几套网考模拟训练，在一定程度上减轻了学生的紧张情绪，因此大部分学生虽然有压力但没有较强的焦虑和恐惧感。

（4）四级网考侧重于测试学生的语言运用能力，由传统笔试侧重于测试学生的阅读能力转变成基于视频材料的考查，此种考查主要测试学生的听力、说话、写作能力。相当一部分学生认为 iTEST 考题难度指数较网考真题低；阅读难度大导致速度跟不上，听力中的生词太多，感觉材料难而导致注意力无法集中，从而影响做题速度和做题的准确性。

（5）通过对网考形式与内容进行相关性分析，我们发现网考形式适应与网考内容适应之间的相关系数为 0.397，这说明网考环境下对这种考试形式的适应与学生对考试内容适应之间存在一定的相关性，但不大；学生对网考形式焦虑与网考内容焦虑之间相关系数为 0. 703，这表示对网考形式更焦虑的学生，也会对网考的考试内容更加焦虑。

（6）通过访谈，我们发现一部分学生认为使用笔考之前突击学习的方法也能够应对网考，但这种应试方法并不会产生较大的作用，因而会导致学生产生焦虑。加之大部分学生平时口语练习太少，因此在进行口语考试部分时，一方面大部分学生由于“说不出”或“不知怎么说”而焦虑，感觉考试结果不理想，另一方面网考出现了新的题型，即回答问题，学生对此无所适从，结果会导致错过某一题。还有一部分学生一开考发现题目难度大，立刻焦虑、紧张起来，并且伴随考试自始至终。学生反映最多的问题是口语考试部分，即跟读题。此类题型重点考查学生瞬时记忆能力、通过听力获取信息和把握细节的能力以及学生的英语语音语调。学生由于平时对此类题型练习较少，因而做起来会出现较大的难度。

5. 6. 2. 3 建议

由于网考与笔试相比，具有一定的难度，特别是对二本院校的学生，因此网考为这些学生带来了更大的挑战，这将会导致这些学生在网考的过程中产生一定的不适应性，严重的还会产生焦虑。通过对某二本院校学生首次参加网考情况调查，发现这些学生多数能够适应网络考试的形式，但大多数学生对考试内容不太适应，如词汇量太大、难词较多、听力内容长和跟读题型不熟练等。对网考形式的焦虑主要表现在对网考没信心；对网考内容的焦虑主要是因为在阅读难度导致速度跟不上；听力词汇量大、材料较笔试难。针对上述问题，我们提出以下几点建议。

（1）教师应该帮助学生树立抗干扰能力，采取措施帮助学生逐步克服心理障碍。具体而言，教师在教学过程中，一方面要以听促说，以说促听，培养学生的听说技巧，扩大学生的知识面；另一方面，在平时听力教学中应注意锻炼学生的打字速度，使学生熟悉网考程序，掌握网络答题技巧，不断采取有效的教学手段来使学生的考试焦虑维持在适度的水平，以帮助学生在网考中取得理想成绩。

（2）教师应该充分利用各种教辅系统和网络资源，如课外自主学习系统、iTEST 培训与测试系统等，提升学生对网考的应试能力。网考准备初期可以利用各种教辅系统进行大量的基础练习。网考准备中后期教师需要提供时间较长、内容丰富、词汇量大、有一定难度的听力材料和外媒网站上的时事新闻材料给学生练习；与此同时，教师应该始终要求学生利用教辅系统进行系统的限时写作练习。利用系统中的模拟试题和网络上应用语言学理论在英语教学实践中的应用，以四级网考资源为基础进行适当的考前准备，以使学生熟悉四级网考的具体流程。通过这种方式，学生有准备的参加四级网考，进而获取更好的成绩。

（3）教师在教学过程中，应该对英语基础较差的学生开展有针对性的语言训练，如听力训练及口语训练。大量地进行听、读、叙述、复述新闻的练习，利用新闻材料来设计各种英语练习题目是非常必要的。同时由于课时量是有限的，也可以面向学生开设可以起到很好的补充作用的英语选修课，如“新闻英语阅读”“英语新闻听力”等。这些措施既能够有效降低学生对四级网考的焦虑情绪，又能够促使学生提升对网考的适应性。

（4）网考设计者应该不断提升网考技术水平和服务水平，逐步改进考试环境。具体而言，应该适当加大考生之间的距离，座位之间加隔板，减弱对视觉、听觉的相互影响，增强语音室隔音、吸音效果，减弱嘈杂环境对考生的干扰等。通过优化网络内外环境，确保网考环境“稳定、可靠、安全”。

高校英语四级网考在试题的安全程度、考试的公正性、学生的综合能力要求等方面发挥着无与伦比的优越性。因此，当前我国大多数高校均采取有效措施来改进传统的英语口语教学模式，这将会对高校英语教学改革进程的深化发挥更好的指导作用。从高校英语教师的角度来看，一方面应不断地了解各类学生的学习特征，因材施教，因需施教，积极改进教学方法；另一方面应密切关注网考改革的动向，认真研究网考的内容与形式，大胆试点探索，逐步推进，使大学英语四级考试再上一个新台阶，使四级考试对我国大学生的英语学习可持续发展能力培养起到更大的促进作用。

6 语料库方法在高校英语写作中的应用

6.1 语料库检索工具在英语写作教学中的应用

语料库作为一种语言资源，能够借助计算机检索工具为高校英语教学提供便捷的检索方法，在一定程度上提升了学习者的学习效率，其重要性不容忽视。语料库检索工具作为一种具有高速提取、高速分析、高速总结文本特征的工具，越来越多地应用于对语言使用规律与特点的揭示，是教师改善传统英语写作教学模式的有益尝试。本书结合两个常用的语料库检索工具及高校英语教学过程中的实例，从检测写作中词汇使用广度和深度、总结积极词汇的用法、辨析近义词和了解词语搭配的特点这四个方面出发，具体论述常用语料库检索工具在高校英语写作教学中的应用。

6.1.1 语料库检索工具应用于英语写作教学的理论支撑

语料库检索工具应用于英语写作教学最主要的一个理论支撑是“注意”理论。20 世纪 50 年代中期，被称为“认知心理学之父”的美国康奈尔大学心理学教授 Escher 的《认知心理学》问世，该著作成为认知心理学的开山之作，标志着认知心理学诞生，使心理学的发展进入新的历史时期。认知心理学的研究范围主要包括感知觉、注意、表象、记忆、思维和语言等认知过程，它用信息加工的处理方式对心理结构和心理机制的过程进行研究。其中，“注意”（noticing）理论的作用突出，渐渐成为认知心理学的一个主要研究领域。

认知心理学认为“注意”是一种对内部信息进行加工的主要机制，“是通过感觉、已存储的记忆和其他认知过程对大量现有信息进行有限信息加工”。语言输入过程中的语言特征是由于受到注意而最终转化为语言输入，理解性输入中的语言形式只有被注意到才会显示出来，注意在语言从输入到吸收的学习过程中起着重要的作用。根据 Schmidt 的观点，注意的基本意义就是意识到了什么。人们可以把注意到的某些方面与其他方面进行比较分析，从而尝试着领会其重要性，也能够达到理解。Schmidt 认为注意与产出具有紧密的联系。Rob Batstone 认为注意是学习者集中注意语言输入后对语言含义与形式的共同吸收，是从初步了解到把潜在规则转化为内在知识。

通常情况下，语言学习应该关注以下两个要点：

(1) 注意语言学特征学习者没有有意识地注意输入的语言，是不能够真正地吸收输入的语言。

(2) 注意特征差别学习者应当把语言输入或目标语与他们自己目前的语言体系进行比较。因而，教师在语料库检索方法的指导下，借助语料库工具能够促使学习者集中注意力，关注到语言输入或者目标语。

“注意”在语言学习的过程中发挥着重要的作用，这种作用主要体现在以下几个方面：

(1)“注意”是将输入转化为长时记忆的桥梁。

(2)“注意”是将输入转为内化的知识的必要条件。

(3)“注意”是从注意特征到比较特征差异，再到运用语言新形式的语言处理过程中的关键。影响“注意”的两个最重要的外部因素是语言输入的频率与凸显性。“注意”理论的最主要价值在于其能够揭示出哪些特征在语言输入的过程中是因为受到注意而最后转变成语言输入。

在高校英语写作教学中，教师的主要任务是利用语料库检索工具的功能，让学生注意到输入语的语言特征和词汇使用规律，引导学生探索、发现文本特征与英语本族语者的文本特征之间的差异，从而将潜在的规则转化为学生的内在知识，优化二语写作。“注意”理论与教师的教学任务要求相吻合，因而对基于语料库检索工具的高校英语写作教学具有一定的理论指导。

6.1.2 常用的语料库检索工具

语料库检索工具最主要的一个功能便是关键词检索（KWIC）。检索工具能够提供关键词所在的语境，为关键词的分析提供更加便捷、更加直观的语境。目前，国内相关研究经常提到的语料库检索工具主要有 WordSmith Tools、AntConc、Concordance、Range。除此之外，PowerGREP 是一个功能强大的文本查询和处理软件，主要用于搜索文本文件或编码文件的信息。我们在调查的过程中选用了 AntConc 和 Range 这两款语料库检索软件作为此次研究实例分析的辅助性检索软件。

(1) AntConc 检索工具。AntConc 检索工具由日本早稻田大学 Laurence Anthony 设计开发的一款绿色免费语料库检索工具。它共包含检索、检索定位、文件查看、词丛、搭配、词表、关键词表七个程序。在高校英语写作教学与研究过程中，教师经常使用此检索工具对常见文体特征进行观测及分析。

(2) Range 检索工具。Range 检索工具由新西兰维多利亚大学语言学及应用语言学系的 Paul Nation 和 A. Coxhead 两位教授设计，由 A. Heafley 编写，可登录

http：//www. vuw. ac. nz/lals/staff/网站进入 P. Nation 的个人主页免费下载该工具。该工具自带三个基础词表，分别为 Baseword1. txt 和 Baseword2. txt、Baseword3. txt。Baseword1. txt 由英语中出现频率最高的 1000 个单词组成（实际为 999 个词族），Baseword2. txt 由英语中出现频率最高的 1001～2000 个单词组成（实际为 987 个词族），Baseword3. txt 是 Coxhead 制定的“学术词汇表”，其中包括除上述 2000 个最常用词汇以外的 570 个大学常用学术词汇。研究者可以利用此工具在三个词表基础上进行文本词汇深度和广度的对比分析。

6.1.3 语料库检索工具在高校英语写作教学中的应用研究

6.1.3.1 研究背景

英语写作是英语学习过程中的一种主要输出方式，对英语学习者而言极为重要。高校英语写作教学通常是通过“学生写-教师评”的互动活动，期望学生的写作能力得到一定的提高和改善，这种传统写作教学方法主要关注的是教学法、篇章结构和写作中的各种错误分析等。此种教学方法耗费的时间多，产生的成效较低；且学生主要依靠死记硬背的方法来提升自身的写作能力，学习效果不佳。因此，利用有效的方法突破这种教学模式，引导学生关注、注意语言词汇使用特点，增强学生写作过程中的主观能动性，一直是大学英语教师探讨的问题。近年来，语料库研究的成果正被广泛地应用于二语教学。作为一种新的研究方法或一种新的思维方式，语料库建设突飞猛进，不同类型、不同用途的大、中、小型语料库相继问世，为语言教学和研究提供了大量可靠的语言素材。与此同时，相应的语料库工具也不断开发出来。近几年，我国一部分研究者关注于此方面的研究，在英语教学过程中引入基于语料库检索工具的文本分析方法，通过使用便捷高效的语料库检索工具对文本进行观测和分析，重点关注学生及英语本族语者在语言、词汇方面的使用特征和使用规律，帮助学生迅速理解文本的内在含义。

6.1.3.2 相关研究

随着语料库语言学的出现，语言研究发生了较大的改变。自 20 世纪 90 年代以来，语料库的重要性日趋明显。语料库在外语教学中的作用主要体现在作为参考工具与研究工具等方面。当前，我国学者对最常见的语料库检索工具 Word-Smith Tools 工具和 AntConc 的应用状况进行了具体研究。一部分学者强调 Word-Smith Tools 工具在外语教学研究中具有广泛的应用前景，对开展基于学习者语料库的第二语言学习的研究具有重要的方法论意义。一部分学者主要说明 AntConc 为基于语料库和语料库驱动的外语教学与研究提供了巨大的支持。还有一部分学者主要探讨如何在词汇教学中利用 AntConc 软件的查找和收集功能进行词义辨析学习和词汇练习设计，同时总结了数据驱动学习在词汇教学中的优点。

由此可见，近年来与写作相关研究主要是围绕借助语料库技术构建写作教学网络平台、通过对比学生语料与本族语写作语料研究语言使用各个方面的特点及其差异、语料库驱动下的各种语言现象和写作教学新模式等方面进行了研究。众多相关研究的目的都是鼓励师生在真实的语言环境中通过自我探索，发现语言使用的规律，更准确地掌握和运用英语，因此可以看出语料库技术在英语写作教学中起着重要的作用。与此同时，近年来语料库作为一种包含大量真实语言资源的工具，在语言教学过程中发挥着越来越重要的作用。相关学者利用语料库检索工具对语言特征进行了相关统计分析，这在较大程度上减少了高校英语教学的盲目性。

6.1.3.3 研究内容

从整体上讲，国内大量的相关研究证实了将基于语料库方法的文本分析引入高校英语教学中能够有效提升课堂教学的效率。下面我们主要利用 BNC 语料库及搜集的网考作文语料，讨论语料库检索工具这种新的信息技术手段在英语写作教学中的意义与应用。

语料库检索工具的出现为高校英语写作教学提供了一个崭新的平台，在便捷的语料库检索工具的基础上，英语教师可以充分利用语料库中大量丰富的、有代表性的英语本族语语料以及相关知识，结合写作教学中的实际需要、知识的广度与深度，引导学生根据语言的真实使用情况来了解、运用语言，在语言输出环节准确使用词语，以求达到真正的语言学习。与此同时，运用自行创建的英语学习者语料库，借助语料库检索工具，和母语语料进行详细对比，能够指引学生发现写作涉及词汇的使用错误特征。

A 测试高校英语写作中词汇使用的广度及深度

学生经常会抱怨自己在写作过程中所运用的词汇仍旧处于低级水平，对自身在写作中词汇使用的广度和深度没有深刻的认识。实际上，教师在写作教学中可以利用学生的作文语料，借助 Range 工具来解决这个问题，即引导学生利用语料库词汇分析工具 Range 分析作文中的用词广度和深度，并对不同学生或不同班级的作文词汇在三个词表中出现的频率进行量化对比，以此检验写作中词汇使用的广度、深度以及教学方法的优劣。为此，对采用不同写作教学模式的两个班级学生的作文词汇及词表词汇出现频率进行量化分析。为研究便捷，将两个班级分别设置成 A 班、B 班。

分析结果显示，A 班学生所写作文中有 87.74%的词汇是 Baseword1.txt 词表中的词汇，6.18%是 Baseword2.txt 词表中的词汇，只有 1.56%是 Baseword3.txt 词表中的词汇；B 班学生所写作文中有 83.17%的词汇是 Baseword1.txt 词表中的词汇，5.23%是 Baseword2.txt 词表中的词汇，但有 7.03%是 Baseword3.txt 词表中的词汇。通过对比分析，我们发现 B 班学生对大学各科教材中最常用的学术词汇掌握较好，学有所用，因此 B 班写作教学模式更有效。

除此之外，Rang 工具还可以检测学生一篇作文中某个词使用的频率以及不同作文中某个词使用频率的差异，引导学生进行对比。同时，教师应该注意写作过程中的词汇使用规律与特征，为写作教学提供有针对性的反馈，让教师更好地改进写作课堂教学。

B 总结英语写作中积极词汇的使用方法

语料库检索工具能够为学习者提供具体的语境，显示出词汇的不同搭配形式，进而帮助学习者发现明显的语言表述形式，引起学习者的注意，最终促使语言知识的内化。通过接触和感受真实的语言用法，总结出英语本族语者的词语规律，并进行模仿和学习。例如，图 6-1 是利用 BNC 所搜索到 fatal 的检索行，教师引导学生观察该词汇用法，促使学生注意其凸显特征，总结其使用方法。获得对语言的真实认识，并将它正确地用于写作中，学习效果会优于根据直觉或语法书提供的例句进行的学习。此种数据驱动的方法能够指导学生进行大量语料库数据观察，概括并归纳出语言的使用现象，自主发现语言的基本规则、意义表述形式、词汇的特点，进而实现有效产出的目的。

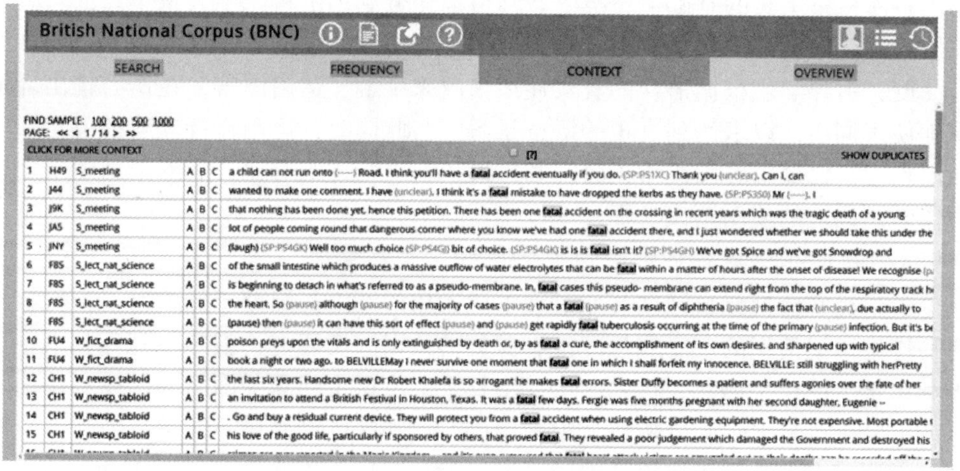

图 6-1 BNC 语料库中 fatal 一词的检索结果

C 辨析英语写作中的同义词和近义词

传统的高校英语教学往往从语义和句法的角度出发对近义词进行辨析，缺少充裕的实例。写作教学中发现学生不能恰当使用有些动词，甚至存在多用、少用和误用现象，和英语本族语者的使用呈现出显著差异。例如，在对近义词 small 和 minor 的用法进行辨析的时候，学生较容易掌握单词的概念意义，但对单词的附加意义却很难掌握。语言中有很多词需要研究它的共现语境，研究它所在语境呈现出的特殊语义氛围，语料库检索工具可以直观地将相关语料使用语境呈现出来，引导学生注意词汇使用的不同语境，进而分析、内化成为理解性输入，最终通过写作达到有效输出。在上面的例子中，我们通过语料库检索工具能够轻易看到 small 和 minor 这两个近义词在使用方法上的差异，使学生一目了然，进而节省大量的时间。

D　了解英语写作中词语搭配的特征

高校英语教学通常会从目标语中出现频率最高的词汇及其核心内涵、常用搭配着手，这是因为使用频率最高、最普遍的词汇通常具有更高的教学价值。目前的英语教科书未能提供一个词语使用的具体语境，词汇教学仍然以中文对应词为参照，死记硬背用法而忽视词语在英文中的搭配特征，不了解搭配和类连接在词语搭配中的重要性。搭配和类连接的概念最早是由 Firth 提出的。搭配是词语之间的“结伴关系”，词语的固定伴侣就是搭配词。类连接是词类、语法层面的词语之间的结伴关系，类连接与语言的句法方面有密切关系。在课堂教学过程中，教师运用语料库检索工具将词语的搭配特征凸显出来，分析学生与英语本族语者在常用词语类连接、搭配等方面的差异，以指导学生关注到词汇使用之间的区别，使学生认清在使用该词语时存在的问题及其缘由，为学生的二语写作提供更加直观、更加有效的建议。

除此之外，语料库检索工具在写作教学中可以引导学生检索作文中高频词汇，并与母语高频词汇进行对比，考察写作词汇是否存在过多或过少使用的现象，分析学生词汇使用和掌握情况，达到提高英语写作教学有效性的作用。

语言输入频率和凸显是输入质量的体现，频率越高、凸显性越强的输入形式越能引起学生注意，因而越有利于语言的内化。语料库方法对二语写作教学中的注意产生了积极的影响。当然无论把哪些语料库工具应用到英语写作教学中，教师都应该提供相关的背景知识，并在理论和技术方面作宏观指导，以避免盲目性。

语料库检索工具在高校英语写作教学中发挥着至关重要的作用。借助语料库工具吸引学习者注意语言的真正特性能够促进语言学习，并能实现真正意义的语言学习。

以上主要从写作教学中词汇使用广度和深度、积极词汇的用法、近义词辨析和词语搭配特征这四个角度出发，对语料库检索工具在英语写作教学中的应用进行探讨。我们借此旨在抛砖引玉，鼓励更多的教师在英语写作教学过程中充分重视自然的目标语语料，引导学生注意目标语语料的特征，并根据实际情况恰当、准确使用语言。只有这样，教师才能够以全新的教学手段及教学视角来优化英语写作教学，使语料库检索工具真正成为英语写作教学的辅助工具，并使之在为英语写作教学服务的过程中发挥更重要的作用。

6.2 语料库辅助词块教学在英语写作教学中的应用

二语习得研究结果表明，语言中大量存在复现率很高的词汇短语，它们是语言输入、记忆、储存、输出的最小单位。学习者从语言材料和语言交际中收集词块，加以分析解构，得到可再次运用于实际交流的语言单位以及语言规则，并在此基础上创造新句以使语言交流形式更加丰富，交流过程更加顺利。近年来，词块研究受到许多学者的重视。随着语料库的兴起和发展，越来越多的学者关注语料库在英语教学中的使用。

6.2.1 词块教学基础知识

6.2.1.1 词块的定义和分类

不同的学者对词块冠以不同的名称，如词汇词块、词汇组块、词汇化句干、预制复合结构、程式语、预制语言表等。本书采用的是目前大多数学者使用的词汇组块，简称词块。

纵观各种词块的定义可以发现，大部分学者都强调词块具有共现的特点，即词块并不是多词随机的、偶然的共现现象，而是具有一定复现率定式化的复合结构。学者对词块不同的命名和定义也就决定了对词块的分类标准不一致。Lewis把词块分为四类：多元词词块、搭配词、惯用话语、句子框架和引语。Nattinger和 Decarrico 结合结构和功能将词块分为四类：多元词词块、习俗语词块、词块架构词块、句子构建词块。

在教学中需要把这些抽象的概念和分类具体化，使学生容易接受，于是把词块分为词层面的词块、句层面的词块和篇章层面的词块三大类。其中前面两类是按照形式来区分的，后面一类是按照功能来区分的。

6.2.1.2 词块教学

Lewis 提出词块教学法，即提倡通过词汇和词语搭配来提高学生的语言能力。他认为词汇教学法是对传统以语法为中心的教学法的革新，是一种将语法和词汇相结合的教学模式，而并不是对语法教学的摒弃。词汇教学的核心是“语法化的词汇”，而不是“词汇化的语法”。Nattinger 和 Decarrico 认为词块是联系句法和词汇、用法和应用、能力和表现的中介结构。这些词块在第一语言和第二语言习得中都是核心的习得单位。因此，词块教学能有效地帮助学习者减轻挫败感，提高学习积极性和语言的流利性。

国内学者张钰东、张霞利用语料库对我国的英语学习者和本族语者在词块使用上进行了对比研究，发现双方学习者在词块使用的数量以及功能上都存在一定的差异，说明我国的英语学习者在词块使用上存在不足，词块教学有其必要性和紧迫性。孟贤亮、赵怡等学者把词块教学与写作教学相结合，并通过实验证明词块教学能够促进写作水平的提高。纵观前人的研究，我们发现大多数学者把语料库作为一个对比词块使用情况的工具，很少有学者把语料库作为辅助教学的手段，促进词块在写作中的教学。因此本章以此作为研究设计的出发点，检验语料库辅助词块教学对促进高中生写作水平提升的效果。

6.2.1.3 语料库与词块教学

语料库作为一种辅助工具应用于词典编纂、词汇搭配研究、语言教学和自然语言处理等方面，已显示出它的优势。特别是在词汇教学方面，语料库索引能够提供大量的词汇在真实语境中的应用实例，凸显词块的用法模式，解决了传统词汇学习中词汇复现率低和脱离语境等弊端，有利于学习者准确推断词义，提高注意程度，从而自然习得地道准确的词汇知识。因此，语料库辅助的词块教学与习得将会成为一种新的教学与学习模式。

6.2.2 语料库辅助词块教学在英语写作教学中的应用研究

本节使用语料库检索软件 Antconc 与 SPSS 统计软件，对某一地区两个班级（即实验班及控制班）的英语写作状况进行研究，具体探究语料库辅助词块教学在英语写作教学中的应用情况。具体按照以下三个阶段来展开。

6.2.2.1 语料库辅助词块输入

A 阅读前——识别词块

识别词块的过程不仅需要学生具备词块的相关知识（即清楚词块的定义、分类、功能等），而且需要学生能够结合文章上下文和自身对英语的语言储备进行识别。因此在课前，教师布置了两个预习任务：一是通读课文，归纳文章大意；二是根据教师的指示，在文中标注词块并借助上下文理解词块的中文意思。为了帮助学生更好地进行词块学习的热身，教师设计了一些辅助练习，协助学生从课文中识别和学习词块。

B 阅读中——习得词块

在前一阶段的词块识别后，学生对文章的词块有了一个大体的印象，随后教师应在阅读中设计相应的环节帮助学生加固印象，帮助学生实现从输入到输出的过渡。

C 阅读后——记忆和复习词块

教师在课下应采用多种方式和手段督促学生记忆和复习词块。

(1) 培养学生良好的课后积累习惯。教师可以要求每一个学生都准备一个专门摘录词块的笔记本。摘录的方式可以是按照“词层面的词块”“句层面的词块”和“篇章层面的词块”这三个板块来分类。另外，教师向学生说明遗忘曲线的规律，强调循环复习的重要性。

（2）扩大积累渠道。教师可以从英语报刊或者杂志中选取一些比较适合学生水平的文段，推荐学生每日阅读，并摘录词块。另外，为避免单调，词块的来源可以是多种方式的，多媒体材料也是一个很好的补充。

（3）定期进行词块的检测。检测的手段包括随堂听写、课上或者课后小测验、课上抽点学生等。

（4）鼓励学生背诵文段。词块的掌握不能是孤立的，必须把词块放在语篇中记忆。因此，教师应鼓励学生背诵词块集中的课文文段，或者是复述课文，而不是孤立地背诵单个的词块。另外，教师可以选取一些词块应用丰富的美文作为补充资料。

6.2.2.2 语料库辅助词块输出

这一阶段的任务是将前一阶段输入和积累的词块运用到写作中，通过写作前准备、写第一稿、互动协商、写第二稿、师生和生生评价、范文展示和背诵等写作步骤训练词块的输出能力，使学生在输出过程中达到验证应用并扩展词块的目的，实现词块输入的价值。

6.2.2.3 语料库辅助词块巩固

一方面，建立范文语料库。教师挑选一些学生的优秀范文，将范文中好的词块标注出来，在班上评讲，并要求学生摘录词块和背诵范文。更为重要的是，教师把每一次作文的优秀范文转写成电子版，按话题建立一个范文语料库，定期要求学生诵读。这个自建的范文语料库也是一个很好的词块输入来源。范文的话题可以包括社会热点、学习生活、环境保护、娱乐生活等。

另一方面，建立经典词块误用例子语料库。在批改学生作文的过程中，教师可以收集一些经典的词块误用例子，并把这些例子集中起来建成语料，经常展示给学生或者用作改错练习的来源。

6.2.3 结论与启示

通过以上的定量数据分析，我们得出以下结论：实验班的后测成绩与前测成绩相比有显著差异；实验班的后测成绩与控制班后测成绩相比也有显著差异。由此说明语料库辅助词块教学法能够提高学生的写作成绩和写作能力。实验班后测中的词块量比前测有显著提高；实验班后测中的词块量与控制班相比也有显著性差异。由此说明语料库辅助词块教学法能够有效扩大学生的词块量。以上是我们针对实验前后作文成绩和词块使用量的定量进行的对比研究。

本研究借助语料库，设计了词块与写作相结合的教学方案。通过 12 周的教学实验，发现学生的写作水平和词块运用水平都得到了显著提高。此外，定性的分析表明，实验班学生在词块的使用上选择更加多样化，使用的高级词块更多。更重要的是，他们更加注重使用篇章层面的词块连贯上下文。因此我们得出结论：语料库辅助词块与写作相结合的教学法对学生写作能力有促进作用。这里需要指出的是，本研究也存在一些问题和不足，如教学实验期相对较短，教学效果得不到充分的体现。我们将会把教学实验继续进行下去，收集更多的教学数据，积累更加丰富的教学经验，完善系统的语料库辅助词块教学理念。

6.3 高校基础阶段学习者强化语使用特点

6.3.1 强化语的概念及其相关研究

强化语（intensifier）主要指的是用于增强语义程度、凸显核心信息的表达方式。强化语是从假定的标准出发，在程度上逐步增强语气，它包括程度副词、少量名词短语和介词短语。强化语在书面语表达中随处可见。语言学习者学习水平的不同也决定着学习者使用强化语的差异，反过来，强化语也是反映学习者目标语学习水平的一个重要方面。

Quirk 学者等把强化语分为增强语（amplifiers 或 intensifiers）和减弱语（downtoners 或 diminishers）两大类。增强语是指比一个假定的标准程度更强的词语；减弱语则指比假定的标准程度更弱的词语，削弱语义。强化语包括最高程度语（maximizers）、提高程度语（boosters）、近似语（approximators）、折中语（compromisers）、降低程度语（diminishers）和最低程度语（minimizers）。

借用先进的现代教育技术，通过数据驱动的研究方式来探讨强化语的使用情况，在很大程度上拓展了语言学研究的领域。国外英语学界研究较早。各国研究者分别通过与本族语者强化语使用对比来研究本国学习者在强化语使用上的差异以及学习者强化语习得发展特点。Biber 研究发现英语本族语者口语中最频繁使用的三个增强语是 very、so 和 too。20 世纪 90 年代以来，国内对语言学领域的相关研究逐步开展。例如，部分学者考察了我国英语学习者形容词增强语的语义韵特点，认为不同水平学习者使用增强语的类型、频率及其搭配词的范围存在很大差异，语义韵和词语搭配的地道性和准确率随着学习者水平提高而提高。部分学者从词频的角度考察我国非英语专业大学生口语表达中的强化语使用，发现英语专业大学生的强化语使用比非专业大学生更趋近于本族语用法；学习者的书面表达较之口语强化语使用各类同更为均衡。还有一部分学者对我国英语学习者形容词强化语的使用进行了调查和研究。研究发现和本族语者相比，我国英语学习者强化语使用的形符数高于本族语者，类符数低于本族语者，且类符数随着学习者英语语言水平的提高逐渐接近于本族语者，呈有规律上升趋势。除此之外，其他的学者也深入探究了过多使用增强程度词、过少使用最高强化词的缘由。

6.3.2 基于语料库方法探究基础阶段学习者强化语使用特点的实证研究

在基于语料库方法探究基础阶段学习者强化语使用特点方面，我国部分学者进行了相关实证研究。以下通过对该研究过程进行详细介绍，以对这个问题进行深层次研究。

6.3.2.1 提出问题

通过此次研究，旨在解决以下几个问题。

（1）高校基础阶段内的学习者经常性使用哪些强化语，呈现出何种特点？

（2）与本族语者相比，高校基础阶段学习者强化语及其类连接有哪些特点？

（3）通过基于语料库方法的调查分析，在高校基础阶段，教师应采取哪些措施强化学习者正确使用强化语的意识？

6.3.2.2 语料来源设计

在研究的过程中，研究者自建6万词的学生写作小型语料库（Written Corpus from Freshmen during Term 2，WCF）。该语料库包含形符数64195个，类符数4406个。具体按照以下步骤来开展研究工作。经过第一学期的英语学习后，搜集某四个自然班学生一年级第二学期四个连续不同阶段的四次作文，作文题目分别为四个不同的主题：punctuation；there is a lot more to life than job；Name：a Destiny or a Sign；Marriage Across Nations。将397篇作文分别整理为text文档形式，然后利用Filejoin软件将四次作文合并，通过treetagger软件对合并后的文本进行标注，以备检索用。

参照语料库为英美大学生议论文组成的本族语语料库LOCNESS（the Louvain Corpus of Native English Essays），随机从中抽取7万词的语料。该语料库中包含形符数70741个，类符数6612个。

6.3.2.3 研究工具和研究方法

（1）语料库分析以Laurence Anthony的AntConc3.3.5w.检索工具为基础，手工去除强化语的非强调意义，如rather than、so、I think、I think so、study too等，分别提取每个强化语在两个语料库中出现的原始频数，得出准确的强化语使用频率，并计算出标准频率（每1000词）。

（2）运行AntConc软件检索语料库，用该工具提取节点词所在的索引行和搭配信息。对所得到的索引行逐项分析。

（3）总结归纳各类强化语在两个语料库中最具有代表性的类连接搭配，进一步解析其语义特点及使用特点。

6.3.2.4 强化语的挑选

为了便于检索，同时也为了深入探究学习者使用强化语的广度，研究者所使用的词表综合了 Quirk 和 Liang 等语法家的强化语词表、BNC 所列的强化语词表，选出共 26 个英语本族语者最常用的强化词作为研究对象。分类参照 Quirk 分类体系。

（1）增强语的挑选。研究者所选用的增强语主要包括最高程度语、提高程度语两大类。其中，最高程度语包括 fully、completely、entirely、absolutely、totally、utterly、strongly；提高程度语包括 very、so、too、highly、increasingly、extremely、immediately。

（2）减弱语的挑选。研究者所选用的减弱语主要包括近似语、折衷语、降低程度语、最低程度语几大类。其中，近似语包括 almost、nearly、virtually；折衷语包括 rather、fairly、relatively、pretty；降低程度语包括 slightly、merely、a little；最低程度语包括 hardly、scarcely。

6.3.2.5 研究结果及其分析

A 强化语整体使用结果及其分析

调查结果显示，从 fully 到 scarcely，在所列 26 个常用强化语中，基础阶段英语学习者强化语少于本族语使用者的有 almost、nearly、fairly、relatively、rather、a little、scarcely；而强化语高于本族语使用者的有 too、highly、increasingly、extremely、immediately、slightly、merely 和 hardly。very、so 和 too 是英语本族语者和基础阶段学习者最频繁使用的三个增强语。从研究结果可以看出，基础阶段学习者倾向于强化语种类使用多样化，并与本族语者强化语使用整体趋势基本一致，但明显存在过度使用和少用强化语现象，如过度使用 very、so 的现象，这个结果与其他学者“中国学习者口语中超用 very、so”的结论一致。由此可以看出基础阶段学习者书面语中呈现出的口语化倾向。为了深入探究高校基础阶段学习者和本族语使用者在强化语使用方面的区别，研究者对两个语料库强化语使用频率进行了卡方检验。

从卡方检验结果来看，so、increasingly、almost、virtually、rather、relatively、slightly、a little 这 8 个强化语和本族语使用者之间存在较大的差异性。virtually 与 slightly 二词由于使用频率较低，因而不在讨论范畴内。so 和 increasingly 存在多用、超用现象；而 almost、rather、relatively 和 a little 则存在少用现象。基础阶段

学习者一般习惯于选择简单的单词表达自我观点。经过大学第一学期的英语学习，学习者扩大词汇和使用较高中阶段更高一级词汇的意识增强，在 more and more 与 increasingly 之间，学生更倾向于使用后者；而在学习者看来，偏口语化的词汇如 almost、rather 和 a little 应尽量选择避免使用。由于基础阶段中，学习者较少接触到学术类词汇，因而他们在书面语中极少会使用到 relatively 之类的词汇。

B 各类强化语使用情况的深入探究

a 增强语的使用情况分析

最高程度语在表述强调意义的时候，往往表述的是对结论的自信感及毋庸置疑。显然，学习者在写作过程中对结论欠缺个人主见及自信感，致使最高程度语的使用不足，这和高中英语教学侧重于应试教育有莫大的关系。研究者对最高程度语 fully、completely、entirely、absolutely、totally、utterly、strongly 的标准频率进行了详细调查。调查结果显示 completely、utterly、strongly 三个词的频数较小；最高程度语除了 utterly 以外，都显示使用不足。在实际使用中，增强语中的最高程度语常修饰非等级性词项（non-gradable adjectives），如 necessary、excellent；增强语常常有不同的共现限制，如 utterly 多修饰贬义词等。基础阶段学习者 fully 使用不足，他们常用的类连接是“fully+*v.*”。除此之外，还有“*v.* +*n.* +fully”和“be+fully+*adj.*”。而本族语使用者 fully 常用类连接除“*v.* +*n.* +fully”与“fully+*v.*”之外，尤其是大量使用“fully+*adj.* +*n.*”。

提高程度语常修饰等级性词项（gradable adjectives），如 long、short。提高程度语包括 very、so、too、highly、increasingly、extremely、immediately。除 immediately 一词的频数较小，不在讨论的范畴内之外，其他词汇均存在超用的现象。学习者经过高中阶段学习，词汇量仍有限，找不到其他修饰等级性词项的词，同时由于受到母语迁移的影响，存在明显的超用 very 现象，think highly of（about）和 value time highly 是学习者使用最多的表达式，能够看到机械记忆模仿的痕迹；而本族语者使用最多的是类连接“highly+*adj.* +*n.*”。与本族语者相比，基础阶段学习者对 increasingly 的用法单一，对 extremely 的使用仅限于类连接“extremely+*adj.*”。Biber 认为 entirely、extremely、fully、highly 和 strongly 更多用于学术用语中，而基础阶段内的学习者极少接触到学术用语，不清楚学术用语或者使用学术词语意识不强是增强语使用过少的重要缘由。

b 减弱语的使用情况分析

Biber 等学者曾经对减弱词作为修饰语的话语选择进行了深入研究，结果发现人们在学术性文章中经常会使用减弱语，而日常交际过程中极少用到减弱语。在近似语 almost、nearly、virtually 的使用频率中，almost 等减弱语使用存在少用现象。减弱语大多为开放性词类，而基础阶段学习者比较关注构成减弱语的形容词，较少关注和使用带 ly 的开放性词类，这也是学习者较少使用减弱语的原因之一。四类减弱语减弱语义的效果和内在语义都有不同，近似语和折衷语对所表达的意思常常表示的是质疑，基础阶段学习者不习惯对问题产生质疑，自然较少或无意识使用该类词。降低程度语和最低程度语常表示的是强度的不同。减弱语在实际使用过程中也存在截然不同的共现限制，学习者对这方面的了解极少。

调查结果显示，学习者较少使用 almost 及 nearly 二词，较多使用 virtually 一词。检索基础阶段学习者语料库，共检索出 6 个索引行，观察后发现基础阶段学习者 almost 常用类连接 almost+could（are）和 almost+*n.*（*adj.*）。由于受到母语负迁移的严重影响，此类常用类连接的使用句式相对较为单一，同时存在少用及误用的现象，例如（以下例子均来自 WCF 语料库）：

（1）... so pretty that **I almost** could not believe that is her. Surprising...

（2）... many other people's congratulations. These people **almost** are their family members. One of the most...

（3）Time is treated as if it were something **almost** real. They budget it，save it，waste it，steal...

（4）If these systems are fit，the body is ready for almost any sports and for **almost** any sudden demand...

（5）... the body is ready for **almost** any sports and for almost any sudden demand...

（6）When it comes to life，**almost** everyone will think of their jobs.

而本族语者语料库则检索出 16 个索引行，常用类连接 "almost+*n.*" "almost+*v.*" "almost+as（like）" "almost+*v.*-ed" 等，本族语者 almost 使用句式多样，例如（以下例子均来自 LOCNESS 语料库）：

（1）... the point of being，or **almost** being，incestuous. He disappears alone to...

（2）Hugo **almost** undergoes a negative pattern. He starts off...

（3）He takes them almost as role-models and so is doubly shocked...

（4）Oreste is **almost** like Christ in the play. In a sense he is...

（5）... takes Candide on many journeys which Lake him to **almost** all of the continents，and to Eldorado.

（6）Voltaire **almost** uncaringly describes the battlescene as...

（7）... and Candide himself was **almost** killed. One of the other ways Voltaire...

研究者还对 rather、fairly、relatively、pretty 这几个折衷语的标准频率进行了深入研究。除 fairly、pretty 的频数小于 2 不在讨论范围内以外，rather、relatively 存在少用现象，这是因为 rather、relatively 常用于学术语中，同时，基础阶段学习者语篇当中缺少比较意识。除此之外，学习者也会将 rather 和 pretty 视为口语词汇，因其词汇量有限而频繁使用这两个词。

降低程度语 slightly、merely、a little 的调查结果显示，除 slightly 一词的频数较小之外，merely 一词存在多用的现象，a little 存在少用的现象。

最低程度语 hardly、scarcely 的调查结果显示，除 scarcely 的频数较小以外，hardly 存在超用现象。hardly 是高中阶段英语语法教学中经常训练的一个语法点，学习者大量练习使用这个词，因而该词使用频率较高。通过观察检索行发现，基础阶段学习者使用 hardly 类连接多为“can+hardly+be（or *v.*）”、“hardly+*v.*”、“had+hardly+*v.*”，例如：

（1）This problem can **hardly** be avoidable. In the second place...

（2）... years later that they are incompatible, that they **hardly** took the time to know each other...

（3）... do something but we favorite other thing. We can **hardly** get a job that we like...

（4）Though parent picked it they'd **hardly** met you, and hopes and the dreams...

而本族语者使用 hardly 除“can+hardly+be（or *v.*）”以外，多为“be+hardly+a+*adj.*+*n.*”，例如：

（1）This, too, is **hardly** a good motive for a revolutionary.

（2）Hamlet can **hardly** be patient long enough without asking a lot.

C 结论

通过上述研究，得出以下几点结论。

（1）英语本族语者及基础阶段学习者使用频率最高的增强语包括 very、so、too。这一点与本族语者强化语使用趋势基本一致，但明显存在过度使用和少用强化语现象。基础阶段学习者书面语中强化语呈现出一定的口语化倾向。

（2）Biber 认为 entirely、extremely、fully、highly 和 strongly 更多用于学术语中，以 ly 结尾的强化语大量存在于学术用语中，且多与个人立场有关，而基础阶段学习者经过高中阶段应试教育后，较少关注个人对事物的立场和态度，因此，对此类词存在误用和少用现象，如少用 relatively。同时，基础阶段内的学习者极少会接触到学术用语，不清楚学术用语或者使用学术词语意识不强是一部分增强语使用过少的重要原因。

（3）最高程度语在表示强调时，常常表达对论断的自信和不容置疑，显然，学习者在写作过程中对论断缺乏主见和自信，导致最高程度语使用不足，这仍与高中教学偏应试教育有关联。

（4）基础阶段内的学习者通常习惯于选用简单的词汇来表述自己的看法。经过大学第一学期的英语学习，学习者扩大词汇和使用较高中阶段更高一级词汇的意识增强，如积极使用 increasingly。

(5) 减弱语经常被用来表示质疑的意思。由于教育方式的原因，基础阶段内的学习者并不习惯对某一问题提出质疑，这就导致他们在使用减弱语的时候，存在少用的现象。此阶段学习者比较关注构成减弱语的形容词，较少关注和使用带 ly 的开放性词类，这也是学习者使用较少减弱语的原因之一。基础阶段学习者语篇当中缺少比较意识。除此之外，学习者也会将 rather 和 pretty 视为口语词汇，因其词汇量有限而频繁使用这两个词。

(6) 由于高中阶段英语语法教学过程中经常训练的一个语法点便是 hardly 一词，学习者在练习的过程中经常使用这个单词，因而高校基础阶段内学习者在该词上的使用频率较高。

D 对策

针对上述研究结论，提出以下几点建议。

(1) 高校基础阶段可以有针对性地进行学术用语教学，为学习者将来从事研究打下良好的基础。

(2) 在高校英语课堂教学中引入语料库方法。这是因为语料库干预下的词汇教学能够大大拓宽学习者使用词汇的视野。

(3) 强化学习者的辩证性思维能力。通过教学理念的渗入、教学模式的改革使学习者具有判断、自信、比较、质疑等能力，实现真正意义上的综合能力的提高。

(4) 对比分析高中词汇及大学词汇。高校基础阶段内，教师可以对高中词汇与大学词汇进行比较和梳理，使学生了解大学词汇整体与高中词汇的区别与联系。

此次研究基于自己创建的语料库，更显示出当前学习者在强化语方面的使用规律及特征，其结果对高校基础阶段的英语教学具有一定的指导意义。但也应看到，此次研究仍旧存在局限性，即自建语料库库容相对较小，还需进一步扩大库容量，这样研究结果才更具有说服力。因此，此次研究旨在抛砖引玉，以引发相关研究者的深入研究，拓宽我国在高校基础阶段学习者强化语使用特征上的研究。

7 ESP/EAP 教学

7.1 ESP 与高校英语教学发展方向

7.1.1 问题提出的背景

在教育部高教司制定《大学英语课程教学要求》的同时，教育部基础司也在制定并率先完成了《普通高中英语课程标准》研制工作。对比这两个分别指导高校英语教学和高中英语教学的指导性文件，我们发现需要对高校英语教学未来的发展方向进行深入思索。

《普通高中英语课程标准》明确规定高中英语课程目标是“培养学生的综合语言运用能力”；而《大学英语课程教学要求》也提出了“大学英语的教学目标是培养学生的英语综合应用能力，特别是听说能力”。高中英语被分成了六、七、八和九 4 个级别。达到九级的优秀高中毕业生英语词汇量将达到 4500，一般高中毕业生也要求达到八级的 3300 词汇量。而根据《大学英语课程教学要求》，绝大多数学生经过若干年的大学英语学习，要求达到的一般要求，词汇量也只是 4500 单词。一般要求指出的其他听说读写语言能力要求也仅仅是在高中英语八级与九级标准之间。

问题还不仅仅在于《普通高中英语课程标准》提出了和目前大学英语教学几乎相同的目标和能力标准，而且还在于《普通高中英语课程标准》采用了目前大学英语教学相同的课程安排和课程设置。《普通高中英语课程标准》把所有英语课程分成了必修课程和选修课程。选修课有英汉笔译、应用文写作、报刊阅读、英语演讲、文秘英语、科技英语、英语文学欣赏、影视欣赏等课程。从这个意义上讲，它几乎把现在大学英语的所有课程都全部移植了过去。这就使大学英语教师自然担心这个问题：随着中小学英语教学的大力发展和《普通高中英语课程标准》的积极推广，如果几年后，全国多数考入大学的高中毕业生基本上达到了《普通高中英语课程标准》，也即大学英语的基础教学的目标大半甚至全部在高中实现了（按现在《大学英语课程教学要求》中一般要求来衡量），那么大学英语教学应该怎么办？大学英语教学的课程设置和发展方向何在？大学英语的教师出路何在？这并不是一个耸人听闻的问题，而是未来我们需要直面的一个重要问题。我们认为现在已到了为积极开展专门用途英语教学做好准备的时候了。有条件的高校，特别是重点高校，应该率先尝试将高校英语教学的重心渐渐转移至专门用途英语教学方向。

7.1.2 ESP教学及其在我国的发展状况

专门用途英语（English for Specific Purposes，ESP），顾名思义，是指与某种特定职业或学科相关的英语，是根据学习者的特定目的和特定需要而开设的英语课程，如电子商务英语、外贸英语、国际金融英语、新闻英语、医学英语、法律英语、旅游英语、营销英语、学术英语、科技英语、文献阅读、论文写作等，其目的就是培养学生在一定工作环境中运用英语开展工作的交际能力。

20世纪40年代中期以后，专门用途英语随着国际之间的科学、技术、经济及文化交往日益发展而壮大起来，并成为一门独立的学科。20世纪60年代后期出现了一些关于专门用途英语的著作。其中Halliday在与他人合著的*The Linguistic Sciences and Language Teaching*一书中提出了ESP的概念："English for civil servants；for policemen；for officials of the law；for dispensers and nurses；for specialists in agriculture；for engineers and fitters."（公务员英语；警察英语；法律官员英语；药剂师和护士英语；农业专家英语；工程师和钳工英语。）

20世纪80年代，研究ESP教学的学者越来越多，这些学者撰写并发表了一大批论文及著作。Strevens提出了专门用途英语教学的四个特征：

（1）需求上满足特定的学习者。

（2）内容上与特定专业和职业相关。

（3）词汇句法和语篇上放在与特定专业、职业相关的活动的语言运用上。

（4）与普通英语形成对照。

几乎在相同的时间，我国一部分外语院系也开始尝试设置"科技英语"（专门用途英语在我国的另一种叫法）课程。但对于是不是有"科技英语"，我国的外语界从一开始就有一场针锋相对的争论。当时中国科技大学研究生院某教授在向中国科学院各研究所发出的征求意见书中就记载了这样的意见分歧。

近年来，我国英语学界在高校公共英语教学应该选取"科技英语"还是"普通英语"这个问题上始终存在争议。所谓"科技英语"（English for Science and Technology）是20世纪70年代海外开始流行的"专用英语"（English for Specific Purposes）引进中国后的一种说法。赞成"科技英语"者认为随着科学技术的飞速发展和国际交往的日益频繁，英语已成为国际学术交流的必备工具，因此认为"科技英语"或"学术英语"应是大学英语的主攻方向以满足学生的特殊需要。而主张"普通英语"者则认为无论何种专业系统，其所用英语均属于该语言的大体系之中，只有"为科技用的英语"，而不存在什么"科技英语"，只有让学生打下扎实的英语基础，方能真正使他们掌握英语技能。

大部分中国科学院各个研究所所长和研究员基本上都反对“科技英语”的观点。例如，部分学者认为“把外文的基础打好，读科技文章就不成问题”；“我偏向于以‘公共英语’为基本，只有掌握这门语言的‘共核’部分，才能有利于在科技方面的应用”；“我100%地支持大学公共英语应取向‘普通英语’的看法”。20世纪90年代，复旦大学校长杨福家甚至撰文指出：“不能将语言简单地划为‘科学英语’，乃至‘物理英语’、‘生物英语’等等”，并断言“‘科学英语’根本不存在”。

学术上意见差异完全可以进行有效争论，但当时此种争论已超越了理论探索的范畴，对我国高校英语教学的课程设置及发展方向产生了直接的影响。在较长的一段时间里，这样一种观点占主导地位，即我国的大学英语教学是基础英语即普通英语的教学，不需要也根本没有必要进行专门用途英语的教学。在《大学英语教学大纲》中也只是羞羞答答称专门用途英语是“专业阅读”。这种情况到了1999年修订大纲时才有所改变，新版大纲正式提出了“专业英语”的名称，并规定为必修课。但是由于《大学英语教学大纲》规定“专业英语课原则上由专业教师承担，外语系（部、教研室）可根据具体情况配合和协助”，便导致专业英语教学仅仅是纸上谈兵，专业英语教学在大部分院校中仍旧停留在初始的阶段。

7.1.3 重申 ESP 教学的理论依据

20世纪末期，我国相当一部分学者之所以反对 ESP 教学，主要是因为他们担忧学生一旦学习了科技英语，毕业之后并没有太大的用途，同时还担忧学生的英语基础会受到一定影响。如果说在十几年前，根据当时的情况否认开展专门用途英语的教学的必要性还是有道理的，那么二十余年后的今天这些反对的理由就不那么充分了。

一方面，二十余年前我国对外交往的频率与规模有限，且集中于官方往来及文化交流这两个层面，社会对大学毕业生的英语需求量并不是很大。因此，学生学习英语主要还是作为普通学历教育的一部分，作为人文素质教育的一部分，除为了通过考试拿到学位或欣赏和翻译文学作品外，并没有什么非常明确的实用性目的，即使有需要也只是潜在的、不确定的。然而，近年来我国社会对英语的需求大大增加。近年来，我国加入 WTO 后，对外交流已经扩大到了整个社会，扩大到了科技经济的各个领域。随着外国人直接到我国进行各种投资、旅游，以及我国科技界、企业界和文化界走出国门，各行各业对复合型人才即既精通专业业务又有较强的英语能力的人才的需求越来越大。社会对英语能力的需要已经呈现出多元化、专业化的趋势，搞贸易的学生在毕业后要能直接用英语参加商贸谈判，搞新闻的人要能够直接用英语采访，当律师的要能用英语出席法庭，当工程师的要能用英语和外国技术人员交流，也就是说，一般的英语技能已很难满足市场需要。从这个角度来看，当前我国英语的工具性及应用性特点渐渐显示出来。学生学习英语较之过去表现出极强的目的性和实用性，或进入国际大公司，或进入涉外法律事务所，或考研，或出国深造等。我们可以认为，当前ESP教学已经比以往任何时候都要紧迫。

另一方面，20余年前大学新生的英语整体水平相对较低，这与当时中学及高中英语教学质量不高存在密切的联系。20世纪50年代，我国教育学界强调学习俄语，中学外语课统统改为俄语，大学里的英语专业都关停，只有少数几所大学开设有英语专业。20世纪60~70年代的社会动荡，导致英语教学又受到影响，由此引起的英语师资"断档"和严重缺乏造成了中学英语教学水平的下降。可见，当时我国基础英语教学之所以拖延到大学阶段是有历史原因的。在大学新生英语基础不扎实情况下开展专门用途英语教学势必影响学生语言知识的积累和语言技能的提高。因而，最初制定的《大学英语教学大纲》中提出的大学英语教学的主要目标是"帮助学生打下扎实的语言基础"具有一定科学性。

我国老一代的英语语法家章振邦教授明确提出"需要对我国外语教育作战略性的调整，要点是把普通英语教学任务全部下放到中学阶段去完成，以便学生进入高校时便可专注于专业英语的学习"。"在中学阶段，只要英语师资合格，教学安排合理，教材、教法得当，学生努力奋进，一般可以在普通英语方面打下扎实的基础。有这样的英语基础的中学毕业生上了大学，应该可以直接过渡到专业英语的学习，而不必再学普通英语。"原复旦大学外文系主任程雨民教授也强调指出："我国面临外语教学转型期，即基础外语教学的重点将由高校转到中学……中学培养基本外语能力，高校结合专业进行提高。"

7.1.4 对ESP教学的进一步认识

尽管当前ESP教学已经具备了大范围推行的基本条件，也得到了全社会及学生的认可，但真正将其归入高校教学课程中还需要解决一些问题。《大学英语教学大纲》虽然承认有开展"专门英语"教学的必要，但只是把它归入专业课教师的范围。

7.1.4.1 打基础是否有限度，学习英语的最终目标是否明确

根据以往的教学理念，只要基础扎实，学生将会终身受益，因而打基础应该是时间越长越好。因此，从小学到中学到大学，从学士到硕士到博士，英语课始终是围绕着基础英语转，始终是一本精读教材。反映到现行的《大学英语教学大纲》上，就是学完基础，再学高级英语课程。基础再好，入学前托福考500分、四级考优秀的学生也要从三、四级开始，五级、六级一直上下去。到底掌握多少

词汇算是有了扎实的基础？《大学英语教学大纲》规定四级需要掌握 4200 个词汇，六级需要掌握 5500 个词汇，高级需要掌握 6500 个词汇。对四级来说，六级可谓基础扎实，因为达到六级优秀的学生在我国高校中数量有限，但达到六级，还有“高级”要求。而达到了“高级”，基础是否就扎实了？须知英语专业要求学生达到八级的为 12000 词以上。由此可见，学习是无止境的，打基础是相对的。问题在于我们是否有足够的教学资源像培养英语专业的学生那样培养非英语专业的学生？现在的大学英语教学从课程设置到考试和英语专业教学越来越相似，有基础综合课程，有翻译、写作、口语、文学和语言选修课程，四级考试和专业四、八级的题型、难度也接近。这样的话，大学英语和英语专业究竟有何区别？大学英语的对象有自己明确的专业，对于达到一定水平的学生，把有限的资源和四年宝贵的时间主要用在打基础，用在追求深厚的英语功底，用在对付四级乃至考研、托福等更高级的考试上不能说是大学英语教学的目的。从另一角度来看，社会是否需要这么多有“扎实”英语基础的人。每年几百万的高校毕业生在毕业之后，所选择的工作大多数用不上英语或者用不到如此高深的英语，这导致这些毕业生在毕业之后的几年忘记了所学的英语知识。从这个意义上讲，当前我国各大高校在教育资源、智力、人力、财力等方面的利用并不充分，甚至出现浪费的现象。

7.1.4.2 英语基础提升后，学生是否能够胜任未来本专业相关工作

高校英语课程主要侧重于精读、泛读、听力这三个方面，或将三者合而为一，统称为综合英语课程；高校英语教材所选用的课文内容侧重于文史知识，强调情节性、趣味性，词汇大体上均是共核通用词。不可否认，在这种课程设置和教材下培养出来的学生，英语基础会很扎实，能听能读能写，不仅能考过大学英语四级，而且在托福等考试中也能取得很高的分数。但是有一个事实我们不能忽视：这些学生毕业出来，进入自己的专业，如外贸、金融、法律、科技、新闻、电子、生物等，从事这些工作时，就会发现对付考试的英语在实践中并不十分管用。道理非常简单，共核英语和专业英语还是有区别的。专业英语有自己的词汇特点，有自己的句法结构，有自己的篇章框架，有自己的表达方式，有自己特有的概念和理论。就以词汇而论，各专业都有自己大量的专门用语和专门词汇，即使是所借的共核词汇也有自己严格的定义和确切的内涵的意义。同一个词不仅与普通英语中的意思存在较大的差异，在不同学科中的意思也有所差异。例如，solution 一词在化学、医学、法律、数学和机械工程学中的意思都不同。

Chemistry：dissolution.

（化学：解散。）

Medicine：termination or crisis of a disease.

(医学：疾病的终止或危机。)

Maths：the unique set of values for an equation.

(数学：方程的唯一值集。)

Mechanical engineering：the action of fusing，melting，distilling by means of heat.

(机械工程学：通过加热来熔化、融化、蒸馏的作用。)

由此可见，要想看懂英文专业文献，理清英文专业教材的内涵，仅仅依靠普通英语是远远不够的。即使一个英语基础再好的毕业生也得花较长一段时间的学习、积累足够的专业词汇、熟悉科技英语的结构等才能读懂英语专业文献，适应自己的工作。同时，企业要求大学毕业生一上岗就能立即承担起与自己专业相关的专业英语工作，能够不用翻译人员直接开展国际交流。显然，若是我国高校英语教学真正将目标放在社会的发展及经济建设的需求，那么仅仅要求毕业生具有普通的听说读写综合技能是远远不够的。

我国部分学者为此指出：“现在的问题是我国的普通英语教学太长，对专业英语重视不够，从小学到中学到大学学的都是普通英语，所谓‘四级’测试，都是在测试普通英语的水平。高校英语教学迟迟不与专业挂钩，怎能要求学生毕业后走上需要专业英语的工作岗位能够胜任愉快?”

7.1.5 处理好ESP教学的几个关系

ESP教学是高校基础英语教学的衍生或者拓展，是在基础英语教学的基础上，学生的语言知识及技能发展到一定阶段，针对学生的实际需求，进一步提升学生语言能力的一个主要教学内容。也就是说只有把基础英语教学扩展到ESP教学，才能真正培养出用人单位所需要的人才。正如Wilkins指出的，经过ESP培养的学生，在他们将要从事的专业领域里，能够比那些只接受普通英语教育的学生更准确、更有效地胜任交际活动。从这个层面上看，将ESP教学纳入高校英语教学体系中是新一轮高校英语教学改革的一个重要课题，是对现行高校英语教学课程设置的一次重大变革。

这里需要指出的是，提倡ESP教学并不是要取代或者削弱基础英语教学，二者并不是互相对立或者互不相容的。基础英语教学和ESP教学实际上是为实现同一教学目标的两个层面。当时一些科学家反对的并不是“科技英语”，他们反对的是用“科技英语”取代“普通英语”的做法。例如，一些科学家认为：“‘先基础，后专门化’这个基本规律在外语中是不应违背的”。因而，我们应该认清基础英语教学和ESP教学之间的先后关系，在课程设置方面应该坚持实事求是的观点。对于基础还不扎实的学生，主要还是学习基础英语，而对于基础较好的学生不应在听说等基本能力方面进行无休止地操练，应当尽快让他们进入专门用途英语课程学习。就学校而言，对于一般性的院校，基础英语教学课程可以多一些，ESP 教学课程作为选修课程；而“国家重点建设大学应该转向不设公共英语课，学生入学后直接接受双语教学的方式”，也就是说 ESP 教学应逐渐成为这些大学的大学英语教学的主流。香港一些大学的英语教学模式证明，为具备一定基础的学生提供各种 ESP 课程，包括用英语开设各种专业课程，以取代必修的基础英语，这种做法不但不会影响学生的英语提高，反而会提高语言学习效率。此种通过学习专业知识来学习英语的方式是一种理想化的语言学习模式。

ESP 课程和双语课程应该分别设置不同的侧重点，互相补充，互相影响。ESP 教学应该主要由英语教师来承担，而双语课程则应该由专业教师进行授课。前者侧重语言方面，而后者侧重专业知识方面。ESP 课程除了是为对口专业开设的，如医学英语、新闻英语等，主要是开设适用面较广的、带有共性的课程，如科技英语、经贸谈判英语、计算机英语等，尤其是专业英语技能课程，如国际会议英语、报告陈述演示、科技论文写作、文献阅读与检索等。

ESP 课程的教材与双语教材应该有所差异。ESP 课程的教学内容在专业方面不宜太强，但在语言方面应该具有代表性，特别是应具备与专业相关的常用词汇、普通科技类文章的句法结构及表达方式等。练习编写不仅仅有专业知识的问答题，更重要的是突出英汉翻译和摘要写作等语言练习题。这是专门用途英语教材和双语教材的主要区别之一。从某种意义上说，ESP 课程应该是从基础英语课程到双语课程之间的过渡性课程（当然不一定有先后），是为顺利进入双语课程做好准备，是在学习专业知识的同时，继续提高英语水平的课程。

ESP 课程的开设要求各大高校要有一支特殊的英语教师队伍。他们不仅要有较高的英语水平，还要有一定的专业知识。这就要求各大高校对英语教师进行必要的岗前培训。此类岗前培训主要包括三个方面的内容：一是在思想和心理上对这个变化要做好准备，要让英语教师明白，尽管“基础英语”在绝大多数学校在很长一段时间里不会消失，但是一部分教师的“转型”是不可避免的；二是鼓励年轻的具有硕士学位的英语教师攻读其他专业的博士学位；三是加强和双语课程的专业课教师的业务合作，结成对子，在专业知识和语言知识方面相互协商、相互帮助。

综合以上论述，ESP 教学已经成为我国高校英语教学未来的一个主要发展方向。相关调查显示，21 世纪英语教学将会发生很大的变化。最根本的变化是“将来的英语学习不再是单纯的英语学习”，“将来的英语教学是越来越多地与某一方面的专业知识或某一学科结合起来”，专门用途英语教学将成为 21 世纪的英语教学的主流。当今世界，英语在国际政治、经济商贸、科技交流等各个领域的普及程度越来越高，据统计，国际上 85%以上的学术论文是用英语发表或宣读的，各学科的主要学术期刊也以英语为主。随着经济全球化、科学技术一体化、文化多元化时代的到来，我国与国际社会的交往日益扩大，急切需要专门化的英语人才。而随着我国各大高校新生的英语整体水平的提升，ESP 教学成为一种不可逆转的发展方向。

7.2 基于 ESP 英语的教学模式改进研究

7.2.1 英语教学模式中现存问题分析

7.2.1.1 教学内容中并未突出 ESP 英语教学特色

ESP 英语的教学特征十分清晰，即在开展英语教学的基础上，要将当堂课内的英语知识与专业知识融合，再进行实际教学。因此，教师在教学过程中，必须要突出这一特征，将英语理论教学内容与专业融合。实际调查可知，教师并未突出 ESP 英语教学特色，属于最为常见的教学现象。在一些统一性公开课程中，教师不采用 ESP 英语教学特征情有可原。但部分学校宣称采用 ESP 英语教学方法，可在实际教学过程中，仍然仅为学生传递一些基础性的英语词汇和句法。例如，教师在开展专业教学时，本应结合本专业的相关知识。但在教学过程中，教师将专业词汇教学和实用教学分开处理：一方面要求学生直接背诵英语词汇；另一方面，要求学生熟读课文和作答课后练习题，即完成教学任务。这种教学模式，并不能培养学生的专门英语应用能力。脱离实用性英语和专门英语的培养目标，应被及时改良。

7.2.1.2 课程设置与社会需求处于脱节状态

理论上，专门英语的教学素材来源于社会以及行业的日常用语。因此，教师在开展教学的过程中，应为学生传递行业内正在应用的句型和词语。但部分教师在教学过程中，过于按部就班，仅将课本作为设定教学计划和开展教学的主要素材，在撰写教学方案的过程中，不重视自身的想法，更不重视行业内的真实信息。具体考察可知，部分教师责任感较强，他们会进入行业内采集和验证教学方案中信息的可用性以及真实性。而部分教师则相对懒惰或教学责任感不强，他们不会验证社会信息，也不会结合社会人才需求来改良教学内容，长期为每一届学生传达相同的知识点信息。当教学资源的版本相对落后时，即使班级学生学习积极性较强，学习能力较强，也无法掌握高质量的专门英语应用技能，更加无法成为符合社会人才需求标准的专业英语人才。

7.2.1.3 统一化教学现象明显

ESP 英语中，应突出个性化教学的特征，即按照学生不同的专业和学习能力，设定不同的学习计划。在对部分教师进行走访调查后可知，多数教师在开展教学的过程中，也会想到应用个性化教学的方法。但在具体落实的过程中，部分教师表示，因为班级内学生的英语基础与应用能力处在不同的位置，所以很难真正开展个性化教学。如果开展个性化教学，教学课堂的呈现状态将十分繁乱。部分教师面对这一现象，选择采用统一的教学模式，即对班级内学生长时间采用同一种教学方式，在培养学生专业能力的同时，如若构建情境教学法，也会采用相同的情境教学模式长期使用。虽然相同的情境教学法可重复使用，但面对不同的班级，教师理应适当更新教学手段。因此，在未来应用 ESP 英语模式时，教师应注重于改良教学方法，尽量避免长期为学生提供同一种教学方式。

7.2.1.4 实践教学模式落实质量有待提升

ESP 英语以提供专门英语教学为主，专门英语教学中需要结合实践教学体系，才能真正锻炼学生的实践能力。观察国内部分 ESP 英语教学结构中的实践教学可知，实践教学理论上应具有专业的实践空间以及更加专业的教学模式。但多数教师采用课堂实践教学模式，直接在课堂中完成实践教学与理论教学，令学生在参与实践教学的过程中，无法产生紧张感。同时，部分 ESP 英语教学过程中，实践教学在整个教学体系中的占比并未超过 30%。十分短的实践时间，无法扎实培养学生的实践能力。而学生在学习过程中，也会对专门英语实践产生错误印象。例如，会认为英语实践仅需要记忆几个固定句型，或以固定形式为主进行交流，即可完成交流任务。而事实并非如此，一旦学生形成错误的英语实用印象，学生的英语实用能力将无法达到 ESP 英语所要求的水准。

7.2.1.5 英语教师团队的教学能力存在不足

综合上述所有教学负面问题的研究可知，产生上述现象的根本原因为，英语教师团队的教学观念和教学能力存在问题。教师是教学质量的塑造者，也是决定教学质量的重要元素之一。部分学校在安排开课教师时，并未对教师个人的能力进行调查，仅确认教师是否具有英语教学能力，就规划哪些教师需要参与教学。在这种观念下形成的 ESP 英语教师团队，将面临两种显性问题。其一，教师个人对于 ESP 英语的认知并不深刻，认为 ESP 英语与普通英语无明显区别。因此，这些教师在备课过程中，将会采用与以往相同的备课模式，不会结合学生思想上的特殊性，与 ESP 英语的特征进行设定。其二，教师个人的教学能力有待提升。这些教师在进行专门英语教学时，对于专业英语的操控能力较弱。因此，当学生针对某一知识点提出疑问时，教师将面临无法解答的现象。教师能力落后，必然会降低 ESP 英语教学的整体质量。因此，英语教师团队教学能力不足的这一现象，应被尽量改良。

7.2.2 基于 ESP 英语的教学模式改进途径

7.2.2.1 细致分班，突出 ESP 英语教学特色

首先，为真正发挥 ESP 英语的应用优势，校方可以选择在分班阶段，即对英语教学模式进行改进。校方可以将个性化教学作为根本需求，先调查校内参与 ESP 英语课程学生的能力，然后按照能力分为不同的班级。在调查学生能力过程中，教师可以设定系统性的考核试卷，在学生作答试卷后，教师可按照考试成绩进行划分。而后，教师可以按照不同班级内学生的英语学习专业方向，设定个性化且具体的英语教学模式。教师需要尽可能地突出专门英语的专业性，务必要为学生提供权威性的教育教学素材。

其次，ESP 英语支持学生进行自学。教师可以将实体课堂改良为实践训练课堂，将理论课程的教学空间放置在网络空间内。学生在课下时间内，应定期查看教师的理论教学直播，在更加自由的环境下学习理论知识。教师也可以将教学内容录制为微课视频，并上传到网络空间内，供不同身份的学生同步观看。学生进入到实体教学空间后，教师应利用英语类学习活动，检验学生理论知识的掌握程度，继而利用各类模拟性实践教学模式，持续夯实学生的英语专业知识应用能力。

7.2.2.2 调查需求，将社会人才需求融入教学体系内

首先，教师在改进教学内容的过程中，需要进入不同英语专业方向的行业内，采集真实的就业信息。例如，以商业经济为主的 ESP 英语课堂，教师应进入跨境电商产业、银行产业内进行调查，务必采集真实的就业信息，并将就业信息完整融入教学体系内，尽力为学生呈现出基于实际就业的教学结构。

其次，教师也应该与创业部门和学生职业规划课程相关教师进行交流，务必采集当前社会人才需求信息。当前社会需要大量的复合型人才，教师应在培养学生专门英语能力的基础上，锻炼学生其他方面的能力。例如，在面对商务英语学生时，教师除培养学生的商务英语对谈能力外，也需要培养学生的英语应变能力以及迅速搜集专业资料的能力。这些能力在实际就业过程中，很有可能成为影响学生工作质量的重要元素。

最后，教师在设定教学考核系统时，应该将社会需求作为重要的考核内容。当教师真正重视社会人才需求时，开展 ESP 英语教学的专业性也会随之提升。

7.2.2.3 优化方式，采用多元化教学方法开展教学

首先，教师应审视自身当下所用教法。ESP 英语属于新时代内产生的教学思想，教师应在教学过程中加入创新形式的教学内容。教师可将常用教法进行记录

和整理，一旦发现自己经常使用教授法或填鸭法等活性较低的教法，应立即改良后期的教学计划，务必要使用情境教学法、演绎法等活性较强的教学方法。

其次，教师在应用任务教学法、情境教学法等规模较大的教学方法时，应尽量使用完整的思维落实相关教法。即开展教学要做到有头有尾，尤其当学生完成教学任务后，教师必须要认真检查和核实教学内容。ESP 英语需要呈现出完整的教学系统，教师在输出经验理论后，接收方需要尽快接收并给出反馈。而教师同时扮演监管者角色，监管者也需要给出反馈信息，教学系统才能稳定运转。

最后，教师可以适当采用多元化的教学方式。即在开展 ESP 英语的过程中，并不是全程只能使用一种教学方式。教师可以采用多元化教学方法，将多种教学方法融合使用。这样可以为学生呈现不同的教学模式，丰富课堂的趣味性。教师也可以利用该方法，增加课堂学习形式的复杂性，进一步锻炼学生的英语逻辑思维能力。

7.2.2.4 重视实践，建设专门实践基地落实课程

首先，负责 ESP 英语教学的教师，务必要重视实践教学，重视实践教学对培养学生专门英语能力的贡献。教师在转变自身教学思路后，应将课堂调整为以实践为主的模式。具体方法可沿用上文中所述的理论网络课程+实践实体课程组合模式。除这一模式外，教师也可以使用其他的模式进行教学，例如将课堂内的时间分层，30%的时间用于开展理论教学，其余时间用于实践教学。这两种方式都可以突出实践教学的重要性，但教师务必要增加开展实践教学的时间。

其次，学校也应重视 ESP 英语实践教学的重要性。在条件允许的状态下，学校可以建设校内实践基地。校内实践基地应包含符合各个专业的模拟实践场所，当学生英语实践能力相对成熟时，学生们可进入实践基地内，参与专项训练。一些参与学习的社会人士，也可以进入实践空间内，与其他学生一同进行实践。此举可达成互助局面，即教师为社会人士提供专业的英语理论辅助，而社会人士在实践基地内，为其他学生提供实际的就业经验。

7.2.2.5 强化团队，优化教师 ESP 英语教学实力

首先，学校应重视优化教师团队的价值，意识到优化教师团队可提升教学模式的改进效果。确认优化价值后，学校应着手对校内 ESP 英语教师团队的能力进行考察。具体的考察标准可以借助 ESP 英语教学标准进行设定，也可以按照校内的教师考核标准，结合不同专业英语的教学需求进行设定。采集教师能力信息后，学校应重整教师团队。对于不具备 ESP 教学能力的教师，学校应要求其迅速参与培训，提升自身能力，培训期间不应参与教学。能力达标的教师可继续参与教学，但需要在未教学的阶段开展自主学习活动。

其次，教师团队在综合实力被优化后，应建立固定的更新计划。教学组需要设定具体的优化时间和优化需求，各个教师需要在改进过程中不断更新教法，分析更适合本班学生的教学方式。这样，教学团队不断更新内部结构，以活性状态持续改进 ESP 英语教学结构。

7.3 ESP与英语通识教育课程设置

伴随着高校新生英语水平的逐步提高及基础英语课程的压缩，一部分高校在英语教学开设了一部分后续课程，如西方文化、英美概况、英美文学选读、英美电影欣赏等语言文化选修课程，这表明我国在英语学习知识应用这方面取得了突破性的进展，同时也极大地丰富了高校英语选修课程，满足了不同层次学生的个性化需求。但是某一大学英语教学改革研讨会把这些课程冠以外语通识教育课程，并把开设外语通识教育课程视为深化大学英语教学改革的重点和关键，称外语通识教育已成为大学英语自我拯救之路。会上交流的有些学校甚至推出了“基础英语+通识教育”的大学英语课程设置全新模式，并得到大会的推崇。

由于论坛主讲嘉宾包括多位教育部大学外语教学指导委员的领导，因此会上提出的开展外语通识教育，深化大学英语教改这一会议主流观点，以及要把论坛精神和成果介绍和推广到其他学校的大会呼吁就具有一定的权威性；同时各学校都处于压缩基础英语、选择后续课程内容的关头，因此讨论“外语通识教育是否有可能成为大学英语教学发展的方向”就非常迫切了。以下我们要讨论几个问题：

（1）英语通识教育课程的基本概念是什么，其在高校英语教学中的定位如何。

（2）“基础英语+通识教育”是否能够成为未来高校英语课程设置的新模式。

（3）通识教育是否是我国高校英语未来的发展方向。

7.3.1 两种互相对立的高校英语教学发展观

7.3.1.1 英语通识教育

2010 年 5 月，“全国大学英语信息化教学改革成果总结暨外语通识教育与课程设置高层论坛”在广州中山大学召开。会上提出了一个新的概念——英语通识教育，或通识教育英语（ELE）。根据会议纪要，“与会者认为提出的英语通识教育与课程设置思路势必成为外语教学的一个新思路，很可能会成为中国外语教学的一个重要转折点”。会议认为“深化大英教改其重点就是以英语为教学语言推广通识教育”。会议呼吁“我们现在的大学教学决不能再搞以前的语言教学两张皮，英语课程不能再只是单纯的语言技能课，而应该兼具一些富有文化内涵，尤其是能推广中国文化的课，就如某些高校用英语开设了‘认识中国’、‘人与环境’、‘中国现当代文化’、‘中外文化概览’等。我们的教学目标也不能只是拘泥于提高语言应用能力，而是应该培养学生有理据的思辨能力。”会议还认为，为应对“为国家培养国际化人才而推广通识教育的新形势和新任务，通识教育的过程实际上就成了驱动教师‘自我拯救’的一个过程”。因而，寻求及培养能够胜任英语通识教育课程的教师成为高校师资力量建设的一个重要任务。

中山大学大学英语教学中心主任在会议上详细介绍了自身的做法。中山大学的大学英语经过改革之后，学分压缩到 12 学分；外语教学按照‘9+3’模式设置课程，其中 9 学分为“大学英语（二、三、四）”课程，3 学分为“英语通识教育”课程。外语教学中心开设的通识教育课程主要有“英国文化专题研究”“英国历史”“英美文学”“当代美国社会生活”“美国文化专题研究”“西方影视文化”“跨文化商务交际”“公共演讲”等。大学英语教学中心在通识教育课程方面的目标是积极开展国际合作，利用 3~6 年时间，建设 9~12 门双语或外语类通识教育课程，令本校学生都可以有机会选择至少 3 个学分的英语通识教育课程。为了建设相应的英语通识教育课程，中山大学每年会选派 4~6 名教师远赴海外进行访问，有针对性、目的性地参加或旁听国外高校所开设的英语语言及文化通识类课程。

7.3.1.2 ESP 教学或者学术英语

我们已经意识到伴随着高校新生英语水平的逐年提升，由单纯的语言学习转变至结合内容学习的语言教学具有一定必要性。但是这个内容是什么，或主要是什么？根据上述论坛的主流观点，这个内容主要是英语通识教育，是用英语学习“中国现当代文化”“中外文化概览”“英美文学”“当代美国社会生活”“美国文化专题研究”“西方影视文化”等课程。对这一看法和观点，我们不能同意，相反，我们认为未来大学英语的主要教学内容应是专门用途英语教学。我们多次指出随着学生实际情况的转变，高校的基础英语教学应该进行相应的变革，专门用途英语教学应该成为未来我国高校英语教学的一个主要发展方向。

我们认为基础英语教学之后所开始的 ESP 课程主要包含两大类，一是一般学术英语（English for Academic Purpose，EAP），二是专门学术英语（English for Specific Academic Purpose，ESAP）。前者主要是帮助学生上双语课程或用英语进行专业学习和研究做好学习技能上的准备，如学术口头交流课程，学术书面交流课程等。后者如工程英语、金融英语、法律英语、医学英语等课程，主要帮助他们熟悉专业词汇特点、句法结构和语篇特征，为他们上专业英语课程或为今后相关的工作做好语言和内容上准备。大学英语没有理由把这些课程推给专业教师。大学英语教师完全能够胜任一般学术英语课程，经过适当的培训也能完全胜任专门学术英语课程。因而，当前高校英语教学的一个主要任务便是培养大量符合要求的 ESP 英语教师。

7.3.2 英语通识教育提出的背景

当前，英语通识教育之所以受到各方学者的支持，不仅与社会大环境相关，还与高校英语教学过程中出现的新状况及整体的教学理念、师资结构密切相关。

7.3.2.1 通识教育提出的社会大环境

近年来，我国内地大学掀起了一股通识教育浪潮。如从 2005 年起，复旦大学等国内重点大学首先开始模仿美国哈佛、耶鲁等大学的通识教育课程，提出了淡化专业，培养学生具有深厚的文化底蕴、广阔的国际视野和突出的思辨能力的课程设置指导思想。复旦大学在公共平台上开出六大模块的通识教育核心课程，其中西方文明类就有荷马史诗导读、欧洲文明现代历程、文艺复兴史、比较西方政治制度、英美电影思想解读等。而在外语界首先引进人文通识教育课程的是英语专业。这和最近几年英语专业迅猛发展，教学质量下滑有关。根据我国部分学者的研究，不少院校英语专业本科招生严重失控，一届少则几百，多则几千，师生比达不到要求，教学质量严重滑坡，不少英语专业已降格为“语言中心”，仅仅训练学生的听说读写语言能力，学生出现严重的“嘴尖腹空”和“思辨缺席”的现象。因而，我们认为我国高校英语教学应该重申人文学科本位，着力培养具有丰富人文通识的知识型人才，设置相应的人文类课程，如中国传统文化概论、西方文化概论、西方文明史、中西文化比较、古希腊文明、欧洲文化概论、欧洲文艺复兴、莎士比亚导论等。

7.3.2.2 高校基础英语压缩的需求

近年来，由于高中英语教学改革和新课标的推行，新的高中英语教材中所包含的词汇量大幅增加，学生在高中毕业时掌握的单词必须达到 3500 个，直逼大学四级英语水平。在部属重点大学里，不少新生基本达到《大学英语课程教学要求》中的一般要求水平。这样各学校原来的大学英语 16 学分受到了普遍的压缩。如北京大学、清华大学、复旦大学、上海交通大学等，大学英语学分都被削减到 6~8 学分；浙江大学、南开大学、东南大学、宁波大学都把大学英语学分压缩到 10 学分以下。不少学校如北京交大、上海同济大学等虽然学分削减不多，但规定学生通过四级、六级或校内考试可以免修或部分免修大学英语课程。在这个背景下，各学校的大学英语教学为了保住大学英语学分或教学资源，就想方设法开设并扩大基础英语后的后续课程。同时，学生对大学基础英语学习的普遍厌烦和不满意也迫使大学英语教学必须从单纯的语言学习向结合内容学习语言转移。而在我国大学实行通识教育和英语专业加强人文素质培养的影响下，大学英语推出并开设英美文学、英美文化等外语人文类课程就不难理解了。随着学分的减少，高校英语教学应该进行相应的调整，而通识教育便为高校英语教学提供了一个主要方向。

7.3.2.3 观念与师资方面的制约

当前，我国高校英语在选择后续课程内容的时候，往往会选择英美文化类课程。出现这种现象，不单单是因为受到不同教育理念的制约，还因为受到我国高校英语界相关领导及教师专业背景的制约。从教育理念来说，我国大学英语长期以来否认科技英语，忽视专业英语，同时一直提倡基础英语，强调培养学生扎实的基本功和人文素质教育修养。这种理念根深蒂固，以至于在 2007 年的《大学英语课程教学要求》中，几乎见不到对专业英语的要求和安排。在“大学英语是一门拓宽知识，了解世界文化的素质教育课程”的教学理念下，如要提出语言学习与内容结合，当然选择的是通识课程，而非学术英语。同时，我国的大学英语教师基本上都是从外国语言文学专业毕业的，无论是本科，还是硕士甚至博士，他们学习的课程不外乎英美文学、文学翻译、语言学等，因此开设他们学过的或熟悉的英美文学、英美文化课程相对而言更为驾轻就熟，而要开设科技英语、工程英语、学术口头和书面表达等这些他们从来没有学过的课程情况就不一样。讲授此类课程的教师既要具备一定的 ESP 理论，还应该具备一定的专业背景知识。这就要求高校吸收更多的相关师资，并对现有师资队伍进行培训。

7.3.3 高校英语教学中开设通识教育课程的质疑

在高校英语教学中提倡通识教育课程本身并没有问题，但任何课程的设置均需要坚持一定的原则，不能恣心所欲，也不能本末倒置，更不能病急乱投医。根据 Posner 和 Furey 的观点，理论依据、目的需求、实施条件这几个因素影响课程设置的科学性和有效性。在此基础上，我们认为有必要深入探究通识教育课程在高校英语教学中的定位问题。

7.3.3.1 通识课程的设置是否遵循英语教学理论

英语课程的设置务必要依据一定的英语教学理论。那么英语教学理论之下，英语教学课程内容应该具备何种内容？美国语言教育学家罗索夫斯基指出“通识教育课程的目的在于确保知识的广度和平衡，使个人获得全面发展”。也就是说通识教育是不分专业的教育，它的内容涉及历史、哲学、艺术、文学、社会、自然科学方方面面的博雅知识。无论是在国外还是在国内，通识教育课程都是学校公共平台上为所有专业的学生开设的。很少看到在一门专业中有被称之为通识教育课程的现象。

从性质的角度来看，通识教育课程并不是设置在某一学科内或者某一专业内。如果设置在某一个专业内就不是通识教育课程，而是专业必修课或专业选修课。例如，若将“美国文化”或“人权与法”放在公共平台上就是通识教育课程，但放在英语专业或法律专业内就是专业课程。因此，在英语专业内把“英国历史”和“当代美国社会生活”等称之为通识教育课程是不恰当的。尽管大学英语和英语专业有所区别，但这些和结构知识相关的课程也只能算是选修课程。这也就是说，这些“英美文学”“英国历史”等课程只能够被称为英语人文类课程或者语言文化类选修课，而不能称作通识教育课程。

7.3.3.2 通识课程的设置是否遵循英语教学目的

一门课程的设置与否，设置成必修课还是选修课，均取决于教学目的。英语专业学生的专业就是英美文学或者语言，今后毕业从事的工作主要是翻译、外语教学和语言研究等，因此开设西方文明史、中西文化比较、欧洲文化概论、莎士比亚导论等是完全应该的。因为这些课程符合英语专业教学目的，是帮助学生达到目的的专业内容或专业结构的一部分，其课程内容当然不是一般的听说读写。但大学英语就不一样，它不是一门学科，也不是一门专业。大学英语教学对象是非英语专业学生，他们有自己确定的专业学习方向，英语对他们来说只不过是其中一门次要课程，是一门工具。大学英语教学的主要目的就是培养学生英语综合应用能力，以便使他们在学习和今后的工作中能用英语有效地汲取信息和交流信息。因此，课程设置首先考虑的是否能帮助学生达到上述目的，然后才考虑开设能达到开阔学生文化视野、培养学生人文素质目的的人文类课程。两者不能颠倒。根据《大学英语课程教学要求》，大学英语教学总共只有280个课时（如压缩到10学分后只有180课时），在这样有限的课时内，如果模仿英语专业，引导学生选修英美文学、英美文化、莎士比亚等课程，去锦上添花或舍本求末，并不是一个明智的选择。除此之外，一个最主要的问题是，在各大高校公共平台上已经开设有大量通识教育课程的状况下，高校英语是否有必要再去开设具有相同目的甚至相同内容的课程。我们不能因为通识教育课程所教授的语言不同，或者其遵循内容学习语言的原则，便选择开设此类课程。

7.3.3.3 通识课程的设置是否与社会和学生的需求相吻合

课程设置的成功与否在很大程度上取决于其是否与社会及学生的基本需求相吻合。对社会用人单位和学生本人的英语学习需求调查（needs analysis）的相关研究都揭示了他们最需要的是过硬的英语水平和英语工作能力。正如我国部分学者指出的“多次大规模社会调查需求分析的结果都确认：我国大学生学习英语的主要目的是把英语作为交际工具，通过英语获取专业所需要的信息、表达自己的专业思想，因此大学英语教学在性质上就是专门用途英语”。从这个意义上讲，若是高校忽略了学生在专业学习过程中所需的学术英语及将来工作中所需的专门用途英语，对学生设置此方面课程的要求爱答不理，而一味地引导学生去学习英美文学及英美文化，美其名曰提高他们的人文素质，这种英语教学并不能够使社会及学生感到满意。

高校除了培养及提升学生的人格及素质之外，还有一个重要的任务便是培养社会所需的专业能力。如若到招聘市场看一看，再和招聘单位谈一谈，就不难发现用人单位首先看的就是毕业生的专业知识背景和结构。就英语而论，他们需要的就是较强的英语交际能力，尤其是和专业或工作相关的英语工作能力。也就是说，只有具备这种专业英语优势，学生才能在相关的职业中找到理想的岗位，才能谈得上在今后的工作中体现文化素养和国际视野。因而，在对基础英语的后续课程内容设置的时候，我们务必要对社会及学生的具体需求进行分析，不能单纯依据自身的主观意愿，不区分主次。

7.3.3.4 通识课程的设置是否具备有效性

对于开设英语通识教育课程能够实现“提高学生人文素质，培养跨文化视野”的目标，我们表示质疑。复旦大学是国内最早实行通识教育的高校之一，但从几年实施情况看，其效果并不如美国的大学。主要原因是哈佛大学本科生每学期平均选课只有 4 门，而且推行小班上课的模式，因此他们在一门通识教育课上可以比较扎实地阅读好几种比较重要的经典原著，可以进行充分的小班讨论和内容的深度挖掘。而我国学生每学期平均选课 12 门左右，而且都是上百人的大班授课，结果通识教育变成了一门“老师随便讲讲满堂灌，学生随便听听不用读”的轻松拿学分的课程。没有一定的深度和难度，通识教育只能是徒有其名，因此在内地大学校园内通识教育正成为一个贬义词。我们有理由质疑高校英语中开设通识教育课程会出现相同的问题。

通识教育课程最主要的内容便是对经典著作的研读，进行充分的学术讨论。这也就表示，通识教育课程在内容上务必要具备一定的深度，没有这一点，便不能够称为通识教育。“英美电影”放在公共平台上由专业教师教，主要重点在内容，因此课程名称为“英美电影思想解读”；而放在大学英语内由大学英语教师教，这些教师比较重视语言，因此课程名称只能是“英美电影欣赏”。这就是不赞成把大学英语开设的“英美文化”“英美文学”称之为通识教育课程的另一原因。这些课程受非英语专业学生的语言能力、班级规模以及大学英语教师专业水平的限制，只能较多地从语言上分析。也就是说因为大部分学生并不具备研读英文原著的能力，大班教学的方式又使得学生不能够充分进行讨论，而大学英语教师也不具备像专业教师一样的专业知识，不能进行深刻的解析，这就导致学生不能够深入挖掘英美文化、英美文学的深刻内涵。这样，就不可能达到通识教育的要求和效度。目前，大学英语中所谓“英美文化”和“英美文学”等英语通识教育课程和大学英语综合课程并没有什么本质上的区别，选几篇文章读读，还是语言上的，内容上很浅。而目前大学英语教材课文也基本上都是西方（尤其是英美）文化、社会、历史等人文主题的，一册就有8~10个主题，每个主题有2~3篇相关文章。因此从拓宽国际文化视野和培养人文素质教育的角度来讲，大学英语综合课程是符合要求的。当前，如果我们将原本的文化选修课定义为通识教育课程，而又不进行本质性的改变，这实际上与新瓶装旧酒没有太大的差异。

综合以上论述，我们并不反对在高校英语后续课程体系中开设人文类选修课程（English courses of the Humanities），也不反对开设英美文化、英美文学和跨文化交际等课程，因为这些课程既是结合内容学习英语的有效途径，也能够适应不同兴趣爱好的学生的需求。但是外语人文类课程不能也不应成为基础英语后的唯一选修课程，更不能成为大学英语的发展方向。将来高校英语教学的定位应该是 ESP 教学或者学术英语，而不是人文社科类英语。

当前我国高校新生的英语水平渐渐提升，基础英语课时不断压缩，高校英语教学面临着课程内容方向性选择这个重大问题。在选择时，一定要根据英语教学规律，根据社会与学生的需要以及各学校的实际情况如办学定位等来考虑，力戒跟风和外在模仿，力戒折腾和形式主义。若是盲目将英美文学、英美文化设置成基础英语之后的特定选修课程，并选派大量的教师远赴国外进修文化通识教育课程，开展以通识教育为中心的新一轮高校英语教改，极有可能将高校英语教学引入新的误区。

7.4 国际 ESP 教学对我国高校英语教育改革的启示

当前，英语教育界已经普遍认识到特殊用途英语（ESP）教学将会取代一般用途英语，成为21世纪高校英语教学的主要发展方向。ESP 是在第二次世界大战以后随着国际间的科学、技术、经济和文化交往日益扩大而发展起来的一门学科。20世纪60年代后期的西方，出现了一些关于专门用途英语的著作。历经半个多世纪的实践，国外各级教学机构已经积累了大量的研究成果，形成了较为成熟的课程体系，以多样化的教学形式为学生提供丰富的课程内容。我国的 ESP 教学的发展基本上是和世界同步的，甚至在80年代还出现了一股科技英语学习热。但由于种种原因，尤其是定位方面的摇摆不定和不恰当性，过去十几年 ESP 教学是惨淡经营，步履维艰，几乎到了自生自灭的地步。综观世界上大学里的 ESP 教学蓬勃发展的情况，我们有必要审视我国大学 ESP 教学，重新考虑其定位的合理性。因而，探究国外特别是英美国家的 ESP 教学现实状况，对我国正在开展的以 ESP 教学为方向的高校英语教学改革具有较大的启示。

7.4.1 国际 ESP 教学的回顾与现状

7.4.1.1 国际 ESP 教学的基本内容

根据 Hutchinson 和 Waters 的分类，ESP 可以分出 EAP（English for Academic Purposes）和 EOP（English for Occupational Purposes），即学术英语和行业英语两类。Jordan 根据 EAP 特点，又将其细分为 ESAP（English for specific academic purposes）和 EGAP（English for general academic purposes）两种，前者是以某一学科领域为内容的英语教学，如有软件英语、工程英语、医学英语等课程，偏向知识性；后者主要训练学术口语交流能力和学术书面交流能力的课程，偏向能力性。因此，严格上说 ESP 有 EGAP、ESAP 和 EOP 三种。鉴于我国在这些术语翻译上的混乱情况，如把 ESP 和专业英语看成一回事，甚至同一课程名称如商务英语有不同教学内容，我们建议根据 EGAP、ESAP 和 EOP 课程内容，将它们分别汉译为学术英语、专业英语和行业英语，而这三种课程的总称 ESP，汉译为专门用途英语。

从世界范围的角度来看，ESP 教学的主要内容是学术英语。根据 Lam Agnes 介绍，香港大学为非英语专业学生主要开设学术英语，“这些课程都是根据学生的专业情况，为他们提供培养专业方面的交际技能，如讨论策略、口头陈述、论文写作和报告写作等”。根据我们在 2018 年对香港大学、香港理工大学、香港科技大学等六所大学的调查，他们开设的基本上都是学术技能类课程。日本东京大学和京都大学从一年级开始起就把英语教学与专业挂钩，但他们开设都是学术英语。

7.4.1.2 国际 ESP 课程的教学单位

在美国、英国、澳大利亚等英语国家，高校内通常会专门设置语言学习中心。母语为非英语的学生如果在入学时未能通过英语水平测试，必须在开学的两个学期参加 ESP 课程的学习，直到通过英语水平测试才能接受专业课程的学习。例如，美国的德堡大学语言中心就为母语为非英语的学生开设了两个层次的初级写作课程 Writing Seminar for Non-Native Speakers of English Ⅰ和 Writing Seminar for Non-Native Speakers of English Ⅱ，之后才可以进入学术写作课程 College Writing Ⅰ和 College Writing Ⅱ。英国伦敦城市大学的语言中心提供与 Business（商务）、Arts Policy and Management（艺术政策及管理）、Engineering（工程）相关的 ESP 课程。除此之外，英美国家的语言学院也提供广泛的 ESP 短期课程，如阿拉巴马大学的语言学院提供的 EBP（English+Business Program）课程就是将英语和商务结合在一起的特殊用途英语短期课程。美国的学术英语中心则是一个专为成功的国际学者和研究人员设立的高等教育机构，旨在帮助学者适应当今以英语为主要工作语言的国际学术界。其课程根据学者的专业需求度身定制，并根据学者已经获得的学术成就和学者的时间安排进行相应的调整；所开设的项目结合了小型学术研讨、个人语言指导两种形式。一部分学者将该中心视为自身的“充电站”，为访问或者研究做出准备；还有一部分国际学者通过中心来进修语言，同时开展专业性的研究。

7.4.1.3 国际 ESP 课程设计和课程内容

国际 ESP 课程的设计往往考虑学习者的基本需求。在课程设计的过程中，教师首先会明晰学习者的基本需求，并以此为依据开展相应的课程设计。课程开始后的课程评估，保证了学生可以随时与教师商讨学习内容与进度。课程设计的“三段论”即计划、实施和评价简单明了地概括了课程设计的核心内容。由于学生主体是不断变化的，课程也保持动态的设计。在国外很多大学和教育机构，ESP 课程构成了母语为非英语者的英语课程主体，课程开发趋于丰富和立体化。日本的大学开设 ESP 非常普遍，如东京大学和京都大学大学英语教学一年级一开始就与专业挂钩。一年级为 GAP（General Academic Purposes）阶段，二至四年级为 SAP（Specific Academic Purposes）阶段。在希腊，非英语专业的学生在大学阶段也需学习一定的专门用途英语，如法律英语、医学英语、经济学英语等。

香港大学的英语中心为本科生开设多达 42 门的专业英语课。如：Speaking skills for architecture students（建筑学学生的演讲技巧）、Professional English for arts students（艺术专业学生的专业英语）、Clinical oral English for dental students（牙科学生的临床英语口语）、Professional and technical written communication for engineers（工程师专业技术书面沟通）、English skills for legal studies（法律研究的英语技能）、English for problem-based learning in medicine（医学中基于问题的学习英语）、Professional writing for social work students and many others（为社会工作专业的学生及其他人撰写专业文章）。根据我国相关学者的统计与整理，国外的 ESP 课程所包含的课程如表 7-1 所示。由此可见，国际 ESP 课程的种类极为丰富，能够满足各个学生的不同需求。

表 7-1 国际 ESP 课程列表

序号	课程	序号	课程
1	Business（商务）	3	Education（教育）
2	Law（法律）	4	Art and design（艺术和设计）

续表 7-1

序号	课程	序号	课程
5	Tourism（旅游）	19	Medical and Pharmaceutical English（医药英语）
6	Legal English（法律英语）	20	English for Architecture（英语结构）
7	Insurance（保险）	21	English for Marketing and Advertising（市场营销和广告英语）
8	Banking（银行）	22	English for Science（英语科学）
9	Media & Entertainment（媒体和娱乐）	23	English for Computer related professions（计算机相关专业英语）
10	Engineering（工程）	24	English for Secretarial and office work（秘书及办公室工作英语）
11	Catering（餐饮）	25	English for Public Relations（公共关系英语）
12	Hotels（酒店）	26	English for Sports（体育英语）
13	Maritime（海运）	27	English for Military Organization and Operations（军事组织和操作）
14	Manufacturing and production（制造和生产）	28	English for Aviation and Air Traffic Control（航空和空中交通管制英语）
15	Petroleum Industry（石油工业）	29	English for Quality and Standards（质量标准英语）
16	Photography（摄影）	30	English for Accounting（会计英语）
17	English for Politicians and Political Negotiation（政治家和政治谈判英语）	31	International Telephone Communication Skills（国际电话沟通技巧）
18	English for Executives（高管英语）	32	IELTS or TOEFL（雅思或托福）

7.4.1.4 国际 ESP 教师培训

英国和美国的一部分高校内设置有专门的 ESP 硕士学位课程，学生通过学习，可以获取 Post-graduate Certificate in ESP，Post-graduate Diploma in ESP，Master's Degree 等学位。英语国家的教育学院或英语教育专业都向 ESP 教师及准教师开设 ESP 本体教学（TESP）的课程。此外还有专门为培训 ESP 教师而设立的证书。如英国的 INTESOL 以远程教学方式提供 ESP 证书；美国的亚利桑那州立大学的培训项目 AECP（American English and Culture Program）提供六个职业英语证书，包括学术英语证书、美国文化研究证书、商业英语证书、交际英语证书、英语基础证书以及科学技术证书。

与此同时，国际上还创设了专门的 ESP 期刊，如 English for Specific Purposes: An International Journal 和 English for Specific Purposes Newsletters。俄罗斯和

乌克兰等几个国家的大学共同建起了 ESP 的专业电子期刊 esp-world，投稿者都是 ESP 教师，专门探讨 ESP 的理论与实践问题。除此之外，一些国家还构建了针对 ESP 教学的跨国合作项目及 ESP 教师大规模培训项目。

7.4.2 我国高校 ESP 教学发展过程中出现的问题

根据调查，我国有相当一部分高职高专和大学已经开展推行 ESP 教学，但不同高校 ESP 教学的特征有所差异。高职高专大都开设秘书英语、旅游英语、护士英语、会展英语等，通过岗前培训为就业做好准备。高职高专的行业英语定位正确，因此教学发展很快，深受学生欢迎。我国大学英语主要定位专业英语，分两种情况。商务英语、经贸英语、新闻英语和医学英语这些具有行业英语特点、对专业知识背景不很高的课程主要由大学英语教师开设；而科技英语、化工英语、法律英语和生物英语等专业性较强的课程则主要由专业教师开设。行业英语和专业英语的界限有时较难划清，除了专业性强弱是一个区别标准，目的也是一个区别标准。行业英语主要是通过学习，掌握行业基本知识，从而能用英语很好地开展本岗位工作，实用性大一点；而专业英语主要通过这种课程让学生熟悉和了解本专业领域中的词汇、句法和篇章结构，以便顺利阅读专业文献，研究性大一点。当前，我国各大高校的 ESP 教学的效率较低，面临着各种各样的问题，这些问题集中表现在以下几个方面：

（1）深受教师本身的英语能力或者专业知识的制约。当前，我国由专业教师所开展的 ESP 教学成效不佳，这主要由以下两个原因造成：一是受自身的英语水平制约普遍采用语法翻译法；二是专业课教师的主要精力是在自己专业上，专业英语课程只不过是其“副业”而已，其在上面花费的精力非常有限。由大学英语教师开设的专业英语情况更不妙。根据《大学英语教学大纲》，“专业英语课原则上由专业教师承担，外语系（部、教研室）可根据具体情况予以配合和协助。”同时大纲中还规定专业英语仅仅是高校基础英语之后的选修课程，这就会导致一部分高校由于学时有限、师资力量缺乏的问题，而选择不开设专业英语课程。这种情况到了 2002 年教育部发起新一轮高校英语教学改革后才有所好转。各大学为满足不同学生的需求，纷纷开设了各类选修课程，从 16 学分中分出 2~4 个学分让学生选修，其中专业英语课程就是一类。但是，由于大学英语教师学历背景所限，开设选修课时，绝大多数选择开设英美报刊选读、英美概况、英美文学等课程，很少愿意开设专业英语。根据我们在 2018 年年初对 45 所大学（其中理工科学校 18 所，综合性大学 16 所，师范院校 6 所，其他如医科、财经和海事 5 所）的统计，虽然有 25 所（44%）学校开设了专业英语，但基本上是专业性不很强的行业英语如文秘英语、商务英语、经贸英语和医学英语等等，而且大多数在教法上雷同精读课。出现这种现象的原因，主要是我国高校英语教师对科技类或者理工类英语的认识不足，欠缺必要的专业知识，这导致他们难以在这种专业性较强的专业英语课程上有大的作为。

（2）深受基础英语的挤压。我国学者在较早时期已经提出了高校英语应该开展 ESP 教学的观点。然而，高校英语课程是继续打基础，以语言共核为主要学习内容，还是应该结合专业学习 ESP，从一开始就在大学英语界存在着严重分歧。前者认为在中学英语基础没有打好的前提下，莫若继续打好基础，慢谈专业阅读；后者认为科技人员和理工科学生学习英语主要是为了了解国外的科学技术，所以公共英语教学应在最短期间内让学生掌握阅读科技文献的本领，通过专业英语的学习同样能打好外语基础。我国部分学者指出在这场争论中专门写信就这两种观点在中国科学院各研究所内征求意见，结果刊出 14 封研究所所长和研究员的回信摘要都认为大学英语教学应取向“普通英语”，而非科技英语。这场争论相当激烈，20 世纪 80 年代后期，复旦大学两任校长也先后被卷入了这场争论。还有一部分学者专门撰文，指出科技英语根本不存在，科技英语外表看起来是一种速成教育，实际上只会将学习者引入更加狭窄的学习领域中。

各方学者各抒己见，对这个问题争论不休。当时这场争论已经超越了理论探索的层面，对我国高校英语教学课程的设置及发展方向产生了直接的影响。在一段较长的时间里，这样一种观点逐渐占主导地位，即我国高校英语教学是基于普通英语的教学，不需要也根本没有必要进行专门用途英语教学。加上四级考试引发的应试教学，专门用途英语被边缘化，逐渐淡出大学英语教学。正如我国部分学者所说的，专门用途英语当前的发展道路似乎已经走到了尽头，正面临退出高校英语教学舞台的危险。

（3）深受双语课程的排挤。2001 年，我国教育部颁发文件，提出“本科教育要创造条件使用英语等外语进行公共课和专业课教学，力争三年内，外语教学课程达到所开课程的 5%~17%。”一年以后，教育部又制订了《普通高等学校本科教学工作水平评估指标体系》，明确规定 A 级标准学校专业双语教学的开设门数应不低于 8%。这两个文件促使各高等院校采取倾斜等优惠政策，大力推进双语课程的建设。在双语课程的挤压下，原本已经惨淡经营的专业英语课程遭到了毁灭性打击。“第一，各院系为了达到这一目标，抽调 ESP 教师去开设双语课程，并且在课时津贴、工作量计算方面给予十分优厚的条件。第二，ESP 属于公共基础课之类，而双语课程则是专业课程。后者不仅在工作量计算上要优于前者，而且在涉及教师晋升职称的开设课程质量评估上也高于前者。第三，ESP 原来规定是必修课程，但是在全面推进学分制改革和压缩本科总学分的大环境下，各院系首先开刀的就是 ESP 这种鸡肋课程。”如复旦大学各院系开设的专业英语课程如金融英语、新闻英语、管理英语等都相继被双语课程替代。正如同济大学土木学院一位副院长解释的：“ESP 课程是历史的产物，以往开设 ESP 课程，主要是考虑学生的英语基础较薄弱，阅读原版的专业文献有困难，目的在于进一步提高学生的英语水平。而今学生的总体英语水平已有了大幅度提高，完全有能力借助词典获取专业信息。”他说：“我们学院的 ESP 课程不久将被取消，取而代之的是双语教学，即用全英语讲授专业课，使学生能深入了解原版的专业信息并用英语交流”。

这位副院长的话并不是没有道理，专门用途英语的内容原本便是取之于双语课程教材，也就是说专门用途英语的课文选取专业性教材，只是后者比前者更加专业、更加系统化。一定要说区别的话，那就是二者在目的和教法上有所不同，专门用途英语更注重语言，从专业词汇、句子结构和篇章特点上分析；而双语课程则注重内容和知识的掌握。但是内容的理解，知识的掌握是以词汇、句子和篇章为基础的。因而，在使用英语来教授专业课程的现象较为普遍的高校中，基本上并未设置中专门用途英语课程，如香港大学、宁波诺丁汉大学等。

（4）盲目照搬国际 ESP 课程设置。当前，我国部分高校仍旧存在盲目照搬国际 ESP 课程设置的问题。根据相关学者的介绍，宁波诺丁汉大学的课程设置完全照搬英国诺丁汉大学，学生第一学年上的英语课就是学术英语。他们的《英语教学大纲》第一条是“向学生提供必要的学术英语和学习技能，以便使他们能胜任学术课程”。学术英语教学分成三个阶段。第一阶段的核心课程就是学术写作、学术阅读、学术听说和学术语法与词汇（6 周）；第二阶段的课程有学术书面交流与研究Ⅰ、学术口头交流与研究Ⅰ、定量分析方法等（11 周）；第三阶段有学术书面交流与研究Ⅱ、学术口头交流与研究Ⅱ、定性研究方法等（11 周）。这种学习模式虽然在一定时期内起到了一定的作用，但从长远的角度看，并不具备长久的推广性，亟须进行改进。

7.4.3 国际 ESP 教学对我国高校英语教学改革的启示

7.4.3.1 开展本土化的课程设计

从国际 ESP 教学经验来看，我国在开展 ESP 教学时应该重视学习者的基本需求，开展本土化的课程设计，以确保 ESP 课程设计的科学性、合理性。西方 ESP 教学的课程体系虽然相对完善和规范，但也要经过本土化的设计以适应学生的实际需要。除此之外由于各地区各学校在经济发展、教学水平、师资力量、学生素质等方面存在差异，因此由国家统一制定的教学大纲，需要根据实际情况进行调整。学生的专业需求要在开始课程设计之前进行全方位的调查、了解、备案，并据此设计课程内容，确定课程进度和授课时数。需求分析要考虑国情、校情及专业需求三个层次。我国一部分高校已经全方位开发了多种校本 ESP 课程，一部分学校以 ESP 理论为基础开设了“外语+专业模式”的复合型外语专业，一部分高校才刚刚开始着手准备。可见，我国各个高校的 ESP 课程设计存在较大的差异，亟须整体提升。

7.4.3.2 创建教师培训机制

从国际 ESP 教学经验来看，我们还应该创建教师培训机制，包括设置 ESP 硕士学位、ESP 证书制度，以培养教师的专业素养，促使他们尽快完成教师学术定位的转移。当前，我国已有 30 余所高校设置了与 ESP 有关的研究方向，但这并不能满足我国各大高校对 ESP 教师数量的实际需求，而且获取 ESP 硕士学位的周期相对较长，并不适用于已经获得普通硕士学位的教师。目前许多高校在不具备师资条件的情况下匆忙转型，急需短期内快速提高教师相关能力的培训。这就要求高校转变当前急于求进的盲目心理，创建合理高效的教师培训机制，以扭转当前的不良发展态势。

7.4.3.3 研发校本教材

当前，由于我国不同高校学生之间的差异性渐趋扩大。在这种情况下，纯粹的拿来主义并不适合教材的选用。与其在众多的教材中寻找，不如自己开发教材。自编教材具有内容更新快、编写和印刷周期短等特点，便于及时适应教学改革和课程建设需要，是向公开出版教材过渡的重要基础。教材的编写应突破学科型教材模式，强化应用，注重实践，符合人才培养目标，符合教学规律和认知规律，保证学生在有限的时间内学到实用的英语。同时考虑到各个高校所开展的 ESP 课程大体上均是每周 2 学时，教材资源应该短小、精简，而不能全面或范围过大。

7.4.3.4 坚持循序渐进的发展步伐

为了促进高校英语教学改革的顺利开展，应该采取循序渐进的措施，杜绝一刀切。如上所说，许多高校在并不具备师资条件的情况下，匆忙转型，势必会造成教师的焦虑，教学效果也不会理想。ESP 教学是基础英语教学的延续，只有在学生的语言知识和技能发展到一定阶段才能实施。应该允许那些各种条件尚不成熟的学校在一定的时间内一般用途英语与特殊用途英语并存，比如在日本虽然 ESP 教学已经成为大学英语教学的主流，但仍然有一些普通大学如同志社大学开设一至二年基础英语课。我国由于扩招而导致大学生质量参差不齐，这种情况不仅在一般大学存在，而且在重点大学也屡见不鲜。因此，我国在实施 ESP 教学的时候，既要进行需求分析，也要进行可行性分析，不能因为 ESP 教学成为大学英语教学的主流，就对学校和学生的实际情况视而不见。在学校制定较为详细的教学计划、教师准备充裕、学生具备一定的英语基础的情况下，我们才能够分层分阶段开展推行 ESP 教学，这样才能够确保高校英语教学改革的成效。

7.4.3.5 我国高校ESP教学应该定位在学术英语

A 学术英语更能够满足学生专业学习的需求

进入21世纪之后，伴随着我们高校国际化程度的日益提升，为了和其他国家及地区抢夺优质的生源，一部分高校致力于构建一整套具有国际竞争力、以英语作为授课语言的学士及硕士学位专业课程体系。例如，根据相关学者对复旦大学全英语课程的统计，该校在2018年第一学期采用全英语模式的课程有101门，比2017年第二学期增加了45门，增幅达80.4%。根据学校关于本科生每人至少要选修1门全英语课程（3000人次），国际交流生每人3门（9000人次）的目标，全英语课程还要迅速发展。再如北京交通大学软件学院的全英语课程占专业总课程的75%。学院共使用32种原版教材，同时引进卡内基·梅隆大学所开设的8门课程。除此之外，当前我国绝大多数学校均与国外大学合作开设教学班级，主要使用的授课语言便是英语。

实践证实，全英语课程的设置对我国学生来讲具有较大的挑战，这一点毋庸置疑。根据我们在2018年年底对复旦大学10位选修外教开设的全英语课程的大二学生访谈，他们感觉从基础英语一下子进入以专业知识为教学重点、由外教开设的全英语课程，往往无所适从。他们反映有三大问题：一是不习惯外教讲课，听课抓不住要点；二是原版教材和文献阅读太慢，专业方面的词汇量不够，句子和语篇结构不熟悉；三是期末考试的思考题用英文回答，尤其是英语小论文有困难。因此，这些学生呼吁在开展全英语课程之前，最好设置一门过渡性的课程，以供他们学习如何使用专业英语课程上学习到的技能。例如，以下部分学生的访谈内容便反映出这种观点："第一次接触全英文授课很难适应，严重影响到听课效果。我想在学习全英文授课的专业课前，应该有个过渡课程。""希望能多一门衔接类的全英文课程，从基础开始，与专业相关就行。"我国部分学者在对北京航空航天大学上过双语课程的学生进行访谈时，也发现类似要求："有一名女生提出了这样一种观点，可以改良大学英语课程，在大学英语中融入简单的专业知识，这样既学了英语，又对专业知识有所裨益。还有一名男生认为，可以在大学英语和专业英语课之间开一门过渡性课程，讲授一些科技英语的文体特点和语言习惯表达法，辅助双语教学的开展。"

上文中学生所呼吁开展的过渡性课程便是学术英语相关课程。学术英语与专业英语之间最主要的差别是学术英语以全部学术交流过程中英语的共性为研究对象，为学生提供一种手段，以满足他们充分使用英语来学习专业课程的要求；专业英语则是以某一学术领域的题材为内容的，如工程英语、法律英语等，旨在通过学习学科内容帮助学生熟悉这方面专业的词汇、句法和篇章结构特点。具体说来，学术英语主要是训练学生在专业课程中回答问题或做作业所需要的组织材料的写作能力，鉴别和防止学术剽窃的能力，引用资料为自己观点论述的能力，运用适合学术文体的结构和词汇的能力，学术阅读和记笔记的能力，学术小组的讨论能力，做演示和陈述的能力，有效听学术讲座的能力，开展项目和分析案例的能力，区别事实和观点的学术批评能力等。

这些能力不单单是上全英语课程学生的基本需求，也是一部分准备专业深造的学生、想在毕业之后从事本专业研究工作的学生的基本需求。如，部分学者在2018年底对复旦大学365位完成大学基础英语学习的大二到大四的学生问卷调查和访谈中发现有这么几种情况：一是本科期间到国外或香港、台湾作为交换生短暂学习的学生，对方学校是全英语授课；二是想到美国等大学读研和考博的学生，由于不仅上课全英语，而且查阅专业前沿文献，参加国际研讨会，撰写和宣读英语论文等都需要有学术英语能力，即使不出国，在国内读研考博的也有类似要求；三是毕业后到法律、金融、软件和医学等领域工作的学生，他们也渴望通过EAP课程，为他们获取专业信息、跟踪专业前沿的发展，打下基础。部分学者指出“多次大规模社会调查需求分析的结果都确认，我国大学生学习英语的主要目的是把英语作为交际工具，通过英语获取专业所需要的信息、表达自己的专业思想，因此大学英语教学在性质上就是学术英语。”

研究者对365位同时参加过学术英语课程及专业英语课程的学生调查发现，90%以上的学生对学术英语更加欢迎。他们认为学术英语主要涉及学生进行专业学习和研究所必要的技能，培养的是做他们专业相关项目的能力，这些知识和能力更实用。专业英语之所以在学生中满意度较低，主要原因不完全是部分学者发现的教师教学能力和教学方法有问题，还有其课程本身无法克服的问题，即学习内容和要求掌握内容之间的分离。它和大学精读一样，课文内容只是媒介，真正要求掌握的是语言。被调查的365位学生认为专业英语内容枯燥和缺乏针对性。“双语课程或全英语课程的教材内容虽然也很难，但这是要求我们掌握的，是要考的，所以大家积极性蛮高，而专业英语内容不是要我们掌握的，考试只考翻译句子和词汇选择。不考知识内容，学这么深就没有必要了”。这便可以解释这个现象，在全英语课程较为普及的高校中，专业英语基本处于边缘化境地，即对正在选修全英语课程或者双语课程的学生而言，专业英语无疑会成为一门重复性课程。

B 学术英语与高校英语教师的深层发展更吻合

将ESP教学定位在学术英语上，而不是专业英语，这对教师来讲意义重大。上文中我们已经论述了学术英语与专业英语之间的区别，即学术英语侧重于训练学习者的语言能力，专业英语侧重于内容结构。相比之下，无论是对学生还是对教师，前者需要的专业知识背景远比后者需要的低得多。这个差异对大学英语教师的意义尤为深刻。由于学术英语课程如学术讲座听力、国际会议英语、报告陈述演示、科技论文写作、文献阅读与检索等等主要是语言教学，是培养学生进行专业学习的英语技能，而非内容教学，因此大多数大学英语教师只需要进行一定的培训和准备就能开设。大学英语教师怕的是专业英语，而非学术英语。根据我们对复旦大学大学英语教师的问卷和访谈，他们不愿开设科技英语和法律英语等，原因就是“如有熟悉的大学综合英语上，何必去自讨苦吃，开设一门必须花大力准备，甚至要和专业教师合作的陌生课程呢”。他们对法律英语或计算机英语这些课程名称一听就晕，不自觉地产生一种恐惧感和排斥感。然而，研究揭示，当前各大高校所开设的课程主要是学术英语，此类课程主要是为了教授学生的学术口语表达能力及书面表达能力，大部分教师愿意尝试此种教学模式。

实际上，在国外的大学内，ESP 教学始终是由不具备专业知识背景的英语教师来承担的。我国部分学者通过自己的实践也认为大学英语教师“有能力可以为今后顺利步入双语教学做好接口和铺垫工作，设计出起到桥梁作用的过渡性课程和教案”。因此，如果我们将 ESP 教学的重点放在学术英语上，便能够解决高校英语教师欠缺专业知识的问题，也能够为他们从基础英语教学转变至 ESP 教学清除阻碍。

综合以上论述，国际 ESP 教学为我国高校英语教学改革提供了新的方向。ESP 课程并不是可有可无，恰恰相反，它应该渐渐发展成为高校英语教学的主流。要走出目前的困境，就要把 ESP 定位在学术英语上（尤其是在研究型大学里），认识到 ESP 是由大学英语教师开设的，主要为培养学生用英语进行专业学习的学术交流能力，是一门从基础英语到双语教学或全英语教学的衔接性课程。这种定位具有重要的意义。第一，ESP 教学的学术英语定位不仅能满足我国大学生的真正需要，而且作为一门帮助他们用英语学习专业的过渡性课程，顺利解决了“双语教学与公共英语教学的接口问题”。第二，ESP 的学术英语定位为大学英语教学的转型解决了瓶颈问题。一方面，随着大学新生英语水平的逐渐提高，基础英语萎缩，大学英语教师过剩，他们不得不去开设英美概况、英美文学等这些学生并不十分需要的课程。另一方面，由于学历和专业背景的限制大学英语教师又不敢去开设专业英语。结果，我国的大学英语一直待在基础英语上，不能顺利转型。因而，若是将我国的 ESP 教学定位在学术英语，而非专业英语，便能够为大量的英语教师寻找到用武之地，也能够为高校英语教学改革指明发展方向。

我国高校 ESP 教学的重新定位，不仅引发了 ESP 课程设置的改革，而且更重要的是引发了整个高校英语教学的重新定位。把我国高校英语教学定位在学术英语上，对于改变和解决我国长期来基础英语定位所带来的严重的应试教学倾向，普遍的学习懈怠状态和系统的费时低效，对于切实提高大学生的专业英语水平和直接使用英语从事科研的能力都将具有深刻的理论和实践意义。

7.5 CBI 理论框架下的分科英语

上文中我们已经提到了学术英语已经成为我国高校英语教学未来的主要发展方向。但如何开展学术英语教学？我们认为，最佳途径就是分科英语（discipline-based English）。国内最早提出分科英语的是语言学家许国璋先生。他说："'三级英语教学'这个名称是我自拟的，模式本身是南美一位大学教授提出来的，观点有可取之处，他的模式如下：第一级是中学学好普通英语；第二级是大学学好分科英语；第三级是二年制硕士研究生学好专业英语"。"怎么叫学好分科英语？学化学的，能拿起普通化学的书就看；学文学的，能拿起一本普通文学史就看；学国际法的，能拿起一本国际法引论就看。看的书是英文原版，看了觉得有收获，一本书看上一个小时，就能说出全书特色。这是学好分科英语的一个标志。"

许国璋刚刚提出高校应该推行分科英语教学的时候，并不具备推行的基础条件。但经过三十余年的发展，尤其是经过最近 10 年中小学英语教学的迅速发展，越来越多的大学新生已经达到教育部在 2017 年颁布的《普通高中英语课程标准》的 8 级甚至 9 级要求，接近大学毕业生要达到的大学英语四级要求。因而，我们认为当前大学生的英语水平有了大幅度的提升，已经具备了系统性学习分科英语的条件。

7.5.1 分科英语的理论依据

7.5.1.1 以内容为基础的教学理论

英国文化委员会在 20 世纪末进行了一项名为"English 2000"的大型调查，一个含有 112 个问题的问卷发至 95 个国家和地区的 2000 位英语教学专家。统计发现，接近 90%的英语教学专家认为，21 世纪英语教学将会发生很大的变化。最根本的变化将是"将来的英语学习不再是单纯的英语学习，而是与其他学科结合起来，将来的英语教学是越来越多地与某一方面的专业知识相结合，或者说与另一个学科的知识相结合起来"。

分科英语的一个重要理念便是将英语学习和学科知识相结合。它的理论基础是 20 世纪和 21 世纪之交国际上流行的 CBI（content-based instruction）教学法。CBI 教学法最早是从加拿大沉浸式教学法的成功上获得的启示。加拿大推行的双语教学形式多样，其中一个方法就是通过使用目标语来进行某门学科知识的教学，他们称之为"依托课程内容的语言教学法"。结果证明用这种方法学习某门课程时，外语能力提高最快。这种现象得到许多国家的语言学家和外语教育专家的关注，他们也相继开展了实践和实验，也取得了很多成功的范例。如 Kasper 为英语为非本族语的学生开设了一门"多重内容课程"（multiple - content course)，其中包括二语习得、计算机科学、人类学、生物、心理学这些对专业背景要求不很高的课程。通过对比研究，我们发现学习此类课程的学生在英语水平测试中的成绩大大超过了单纯学习英语的学生，且在后续的学科学习上也远远超越后者。

CBI 理论的核心理念是若是语言教学能够基于某一学科知识来开展，将英语学习和内容有机融合在一起，便能够大大提升教学效率。Stryker 和 Leaver 认为当语言教学与学科教学相结合时，当语言作为学习学科知识的媒介时，便产生了最理想的外语或二语学习条件。这是因为，当学生的注意力集中在内容上，把目标语作为工具来探索知识，这时的学习状态最接近于母语学习，因此效率也就越高。第一，关注内容可以把形式学习的焦虑感降到最低程度；第二，内容学习大大增加了可理解的输入量；第三，内容学习极大地调动了学生学习的兴趣和积极性，学生就学科内容或是感兴趣的话题进行真实且广泛的交流最能促进二语习得；第四，高层次的学术认知活动能够进一步提升学生的语言水平。

按照 Cummins 的观点，个体的语言水平由人际交往基本技能及认知学术语言能力两个部分组合而成。前者是指层次较低的日常交际中使用的语言，交际任务的认知要求比较低，语言比较简单；后者则是指在层次较高的学术交流中使用的语言，对认知程度要求比较高，语言比较复杂。当学习者具备了一定的语言水平，如还是在低层次的语言技能上训练徘徊，其语言能力不可能有进一步提高。只有把语言教学与学习者的专业学习联系起来，进行较高层层次的学术交流能力和认知能力的培养，英语水平才会有大的提高。我国部分学者也有相同的观点，他们认为外语教材在初期是100%的语言信息，0%的百科知识信息。随着语言水平的提高，这个比例逐渐变化，到了高级阶段，是10%~20%的语言信息，80%的百科信息。成人学习者对没有百科知识的学习材料会感到“智力饥荒”，因为内容本身对学习者的智力并不会构成挑战。因而，我们不应该将阅读的目的放在提高英语上，阅读首先应该吸收知识，在吸收知识的过程中自然而然便会吸收语言。这些学者主张针对高年级的高校英语教学内容应该以百科知识为主。

7.5.1.2 全方位培养学生综合素养的要求

分科英语与传统综合英语最大的一个差别便是其内容并不是普通的综合人文知识，而是与学生专业有关的学科知识。我们承认，高校英语教学必须承担起学生素质教育培养的责任，但是对素质要有一个全面的理解。我们认为，素质教育不仅仅是指人文素质教育，还应包括科学素质教育。科学素质是指人们必须掌握必要的科学技术知识，掌握基本的科学方法，树立科学思想，崇尚科学精神，并具有一定的应用它们处理实际问题、参与公共事务的能力。根据相关数据，2018年我国公民科学素质指数仅仅 8.47%，而美国公民在 2018 年的科学素质指数达到了 28%。可见，我国公民的科学素质还有待进一步提升。

对当代大学生来讲，科学素质的重要性不亚于人文素质。在一个公民越来越积极参与公众事务、参与政治生活的年代里，一个大学生如果没有臭氧层的基本常识，是不可能在环境污染和全球变暖问题上发表有影响的意见的；同样一个大学生如果没有物理宇宙的基本知识，也不可能对是否要发展空间技术有独立的看法的。我们曾经对大学生做过一个调查，让他们回答抗生素是杀病毒的还是杀细菌的，很少有人给出正确答案；让他们翻译“干细胞”一词时，大多数人给出 dry cell，很少翻译成 stem cell。当日本福岛发生核辐射，居民恐慌性的排队购买和服用碘盐时，我们大学生不仅不能站出来辟谣，而且还传播这些说法。若是当代大学生并不具备基本的科学素养及跨学科的知识目光，那么他们便难以成为某一学科内的杰出人才，也就谈不上为社会及国家的发展出谋划策。

我国大学生的科学素质之所以较低，与高校英语教学及教材片面选用倡导人文精神内涵的题材存在一定关系。相关调查显示，我国大中小学的英语教材，课文主题大多是千篇一律的教育、道德、成功、校园等人文社会性的主题。正因为如此，《国家中长期教育改革和发展规划纲要（2010—2020）》在“高等教育”一节里对大学生专门提出了“提高公众科学素质和人文素质”要求。因此，我们认为各阶段（中小学外语、大学外语、外语专业）的外语学习，在教材选材上应该有所区别，在教学重点上应该有所侧重。大学英语教材拷贝我国传统的语文教材或拷贝英语专业教材的做法，或沿用中小学英语课文的题材，片面追求人文精神的弘扬或西方文化的介绍是对素质教育的曲解。分科英语是将科学素质和人文素质相结合的一种教学方式，能够有效促使大学生全方位协调发展。

7.5.1.3 学习目标明晰

分科英语是一门目标极为明晰的语言教学。在教育国际化的背景下，学生日益需要阅读自己专业的英语文献和掌握进行专业学习的学术能力，分科英语直接面向学习者的特殊需求，是正规教育制度中，学习目的最为清晰的英语教学。目的明确，就能保证语言教学的效率，这也就是 ESP 教学效率往往大大高于为学习语言而学语言的通用英语的原因。我国部分学者对同济大学的德语强化班进行了调查，所调查的 2017 年德语强化班的 100 名学生都是从大一开始接触和学习德语的，也就是零起点。经过一年的德语强化训练，这些学生在 2018 年 6 月的全国大学德语四级考试中通过率达到 95%。效率之高，甚至超过专业德语的几年学习。问卷调查结果显示，学生认为“学习目的明确”是调动他们学习积极性的主要因素。德语强化班的开设目的极为明晰，就是为学员未来三年汽车专业的学习及到德国深造做语言方面的准备。

华南农业大学与英国某高校联合开办的“计算机科学技术班”也是同样的

发展模式。开始时该班就是为学习语言而学语言，“学生从进校起就围绕雅思考试，搞题海战术，课堂教材内容受到忽视，结果3年下来，学生英语水平没有明显提高，也很少人通过雅思考试，甚至其专业学习也受到影响”。后来他们提出了结合专业学习英语技能的分科英语教学，“目的是为学生打好良好的专业基础，使其在随后几年中能较顺利学习专业知识，并为学生将来在该专业领域用英语从事业务工作打下基础”。结果学生的雅思通过率提升至65%~75%，学生不仅迅速提升了英语水平，也掌握了一定的学科内容。

宁波诺丁汉大学在英语教学方面的定位较为清晰，其课程设计侧重于基于学科内容的学术英语学习，以指导学生进行自主学习，促使他们独立完成学术活动，并为未来三年的学习奠定坚实的语言基础。由于目标清楚，因此“极大地激发了学生学习英语的动力和主动性”。结果经过一年学习，“他们不但能够听懂外籍教师的英语授课，而且可以几乎不费力地阅读英语原版专业书籍，用英语完成老师布置的各项作业、论文，在课堂上用英语流利地与同学和老师讨论专业问题”。

7.5.2 高校英语推行分科英语教学的方法

7.5.2.1 分科英语的概念及其教学内容

分科英语与当前我国各大高校所开展的综合英语存在较大的差异。分科英语是通过学习新知识新内容来提高英语水平，体现了英语作为的工具性质；而综合英语的载体是学生早已熟悉的校园、爱情和文化等话题，是把打语言基础作为整个教学过程的出发点和目的，因此是为学习语言而学习语言的。在这种教学环境里英语不再是工具，而是学习和教学的核心内容。我国大学生之所以对大学精读或综合英语不满，很大原因就是这种为学习语言而学习的模式窒息了他们的求知和探索欲望。当然，我们不是不要语言学习，我们还是需要阅读、听力、口语和写作这些通用英语课程，还是需要为水平较低的学生补基础，但是对于绝大部分在高中已达到大学毕业水平七级到八级的学生完全可以通过分科英语继续提高他们英语水平。我们可以这样认为，分科英语应该成为高校英语教学的主流趋势，通用英语应该渐渐降低地位，渐渐放在中学英语教学中。

我们之所以认为分科英语应该取代当前各大高校所开设的综合英语，成为高校英语的主流课程，主要是因为分科英语并不是专业英语，也不是双语教学。这三种英语教学具有共性，即它们都是以英语教授学科知识的，这一点与我们现在的单纯教语言的综合英语是不同的。但是它们的侧重点有所不同。双语教学注重学科内容，它是用英语来教学科知识，目的是获取知识，侧重点在内容的系统性和完整性的掌握上。专业英语教学则注重学科语言，旨在通过学习学科内容帮助学生熟悉该领域的专业词汇、句法、篇章结构和表述方式等，以便更好地用英语来学习特定的学科。而分科英语则是注重学习技能，它介乎于通用英语和专业英语之间。尽管分科英语也是使用英语来教课，但其教学内容更偏向于普通的学科知识，与专业英语教材相比，具有更大的适用范围，更接近于科普性文章。分科英语的教学目的是培养学生的学术技能。

分科英语所依据的教材往往是细分成文科和理科两大类。前者是人文题材，如哲学、文学、新闻、法律、考古、历史、教育、语言等；后者是科普题材，如电子信息、环境科学、计算机科学、数学、材料、生物、航空、建筑等。通过分科英语教材的学习，学生能够在一本教材中学习到交叉学科的相关知识，这将会促使学生在专业方面有所发展。当然，还有一种分得更细的，一本教材就是一个学科。我国部分学者举例说，“首先可按 12 大学科门类开设英语课（哲学、经济学、法学、教育学、文学、历史学、理学、工学、农学、医学、军事学、管理学），然后再细分到一级学科，如物理学、化学、光学、力学、材料科学、电学、海洋学、地理学、天文学、机械工程、电气工程、土木工程、计算机科学等。这就是所谓的专门用途外语。”但即使分到很细的学科上，内容也必须宽泛。开设此类课程的标准主要有两条：一是普通英语教师无需进行专业知识方面的培训便可以授课；二是能够为某一学科下的所有方向的学生接受，不需要具备专业知识背景。如大理的教材中的地球变暖、克隆细胞、航天探索、宇宙黑洞、金融风暴、新兴能源、建筑交通、网络信息等这些内容是所有理科学生都能接受的。而分得较细的教材，如为临床医学的学生开设的分科英语的课文主题就可以有“什么是医学”“医学界的成就”“医学的伦理道德”“医学中现代化技术”“疾病的因与果”“医改”“医患矛盾”“医学的未来”等。

分科英语的主要教学目的是以学科文章为媒介，来提升学生的综合语言能力，特别是学术口语表达能力及书面表达能力。正如 Song 指出“以内容为依托的语言课程主要目的是让学生掌握各种学科中所需要的学术素质能力（academic literacy skills）和体裁知识，以便他们能在学术上获得成功”。如香港大学为非英语专业学生开设的分科英语达到 42 门课程，如 Professional English for Arts Students（文科专业英语）、English for Legal Students（法律专业英语）、Professional Writing for Social Work Students（社会工作专业写作）等。这些课程的设置均是按照学生的专业情况，为他们提供培养专业交际技能的基于，如口语表达、讨论策略、报告写作、论文写作等。

7.5.2.2 分科英语下的教师培训方式

名称相同的课程，如法律英语，不仅可以具备分科英语的性质，还可以具备专业英语及双语教学的性质。双语教学是由专业教师教授的，专业英语既可以是专业教师也可以是外语教师教，但分科英语必须是英语教师教的，而且也是绝大多数英语教师能够教的，因为它不需要很强的专业背景知识，仅仅是以学科内容为媒介，重点培养的是学生学术讲座听力技能、参加学术讨论技能、陈述演示技能、学术论文写作技能等等。Lam 是这样比较专业老师上的法律专业课程和语言老师上的法律英语：两者都可以用英语讨论法律问题，区别在于在英语课上，学生更多地通过讨论培养他们小组讨论的能力。从这个意义上讲，高校英语教师只要有兴趣，在通过相应的培训及准备之后，便可以开设此类分科英语课程。事实上，在国外，分科英语教学一直都是有由没有任何专业知识背景的英语教师承担的。现在主要是观念问题，必须承认在我们部分大学英语教师中存在一种惰性，不愿意尝试和自己学历背景不同的课程，甚至不愿意尝试一种新的大学英语教材。目前有些出版社不得不提供所谓教师无需备课的傻瓜教材（教材含有具体教案的教师用书和上课用的 PPT 教师课件）来吸引这部分教师。在课堂上，我们的英语教师还是像中学课堂一样在问学生“What's the meaning of the word?”，还在每节课让学生轮流上台做天气、周记、爱情、成功等主题的 oral report 或 presentation，还在用“大白话”英语对付大学生。这些教师忽视了学生在课堂上的懈怠现象，如打瞌睡或做其他的事情，也忽视了学生对教学内容的不满，依旧上自己的课，这实际上是我国高等教育的一种悲哀。

高校英语教师不应该总是从自身的知识结构及教学经验的角度出发来选择教学内容，也不应该强调自我的重要性。教师必须不断学习和培训去适应学生、国家和社会的新需求。在教育国际化的背景下，我国高校正在进行课程结构体系的大调整，以提高国际化课程比例。专业院系和学生对学科英语和学术英语的呼声日益高涨。同时，大学新生英语水平的逐年提高，普通英语教学下移到中小学是必然的趋势。如果高校英语教师坚持仅仅教授普通英语，不能适应分科英语的教学趋势，被淘汰便是迟早的事情。我国部分学者是这样说的：“我预料，几年之内，大学英语教师的职业发展方向是走专门用途英语的道路。中学生英语水平提高了，大学还教普通英语就难以混下去了。老师们也不用担心，只要你的英语好，开出一门专业课来并不难。从此你就有了专业方向了；从此你就可以在语境中教语言了；从此学生也会更喜欢你的了。”

综上所述，三十余年前，我国高校英语教学曾经尝试过类似的分科英语教学方式。当时高校根据自己学校的情况，开展文科英语、理科英语和医学英语，甚至还有冶金英语、化学英语、地质英语等。但是在 1987 年实行全国大学英语四、六级考试给教学和学生造成的压力下，在打基础的教学思想的指导下出现了一个统一的大学英语教学大纲，并在教育部实行贯彻大纲的检查评估下，一个因材施教、分类教学的大学英语教学局面逐步消失。当然其中也有当时学生的英语水平制约的原因。但是，当前学生在英语基础方面基本上不存在大的问题，大部分学生已经具有了一定的英语知识及技能。如果说 1999 年《大学英语教学大纲》后实施的是分级教学，2004 年《大学英语课程教学要求》后进行的是分课型教学，那么从 2011 开始，分科英语便在我国大学英语教学中出现并蓬勃发展。我们有理由相信，在未来的高校英语教学过程中，分科英语将会占据一席之地。

参考文献

[1] 包学敏．网络语料库指导下的大学英语词汇教学［J］．湖南科技学院学报，2018（07）：127-129.

[2] 蔡基刚，廖雷朝．学术英语还是专业英语——我国大学 ESP 教学重新定位思考［J］．外语教学，2010（06）：47-50+73.

[3] 蔡基刚．CBI 理论框架下的分科英语教学［J］．外语教学，2011（05）：35-38.

[4] 蔡基刚．关于大学英语课程设置与教学目标——兼考香港高校大学英语课程设置［J］．外语教学与研究，2011（04）：609-617+641.

[5] 蔡基刚．关于我国大学英语教学重新定位的思考［J］．外语教学与研究，2010（04）：306-308.

[6] 蔡基刚．基于需求分析的大学 ESP 课程模式研究［J］．外语教学，2012（03）：47-50.

[7] 蔡基刚．教育国际化背景下的大学英语教学定位研究［J］．外国语（上海外国语大学学报），2012（01）：69-76.

[8] 蔡基刚．制约我国大学英语教学方向转移的因素分析［J］．外语研究，2010（02）：40-45+112.

[9] 曹佳，王爱国．ESP 理论下的航空英语课程设计［J］．宜春学院学报，2010（02）：147-149.

[10] 曹卓明．应用语言学的研究现状与展望［J］．报刊荟萃，2017（12）：169.

[11] 曾碧锋，唐新萍，唐文杰，等．以培养大学生深度思维习惯为导向的大学英语阅读教学分析——思维导图视角［J］．考试与评价（大学英语教研版），2017（05）：110-115.

[12] 常晓梅，赵玉珊．提高学生跨文化意识的大学英语教学行动研究［J］．外语界，2012（02）：27-34.

[13] 陈军．独立院校转型发展英语专业教师创新能力研究［J］．继续教育，2017（04）：58-60.

[14] 陈梦怡．COLEC 与 LOCNESS 语料库中 the government+情态动词使用研究［J］．黑龙江工业学院学报（综合版），2018（04）：132-135.

[15] 陈晓花．翻转课堂及其在大学英语教学中的试探性应用［J］．疯狂英语（理论版），2017（02）：81-82.

[16] 陈莹．高校英语专业本科翻译课程教学现状调查研究——评《中国高校英语专业本科翻译教学研究》［J］．高教探索，2018（11）：137.

[17] 崔倍倍．国内外应用语言学的发展历史及对比研究——评《应用语言学纲要》［J］．当代教育科学，2015（23）：80.

[18] 邓惟佳．中国学术“走出去”的现状与发展［J］．对外传播，2016（01）：51-53.

[19] 董莉荣．四级网考对大学英语教学的反拨作用［J］．肇庆学院学报，2012（04）：84-87.

[20] 方卫．探讨新课程背景下的大学英语教学改革［J］．新课程研究（中旬刊），2017（01）：92-93.

[21] 方懿文．“互联网+教育”背景下大学英语教学新模式探究［J］．才智，2017

(19): 114.
[22] 费涨. 程序设计课程项目教学法的探索与研究 [J]. 现代职业教育, 2016 (27): 288-289.
[23] 高玉英, 刘晓燕. 内容与语言融合型教学在大学英语基础阶段应用效应研究——《大学英语教学指南》指导下的课程内容改革 [J]. 西安外国语大学学报, 2019 (02): 61-65.
[24] 耿维峰. 大学英语写作教学语料库的构建及应用研究 [J]. 现代交际, 2018 (22): 132-133.
[25] 龚蒙. 探讨课堂与网络下的大学英语教学模式 [J]. 课程教育研究, 2016 (13): 113-114.
[26] 苟立云, 孙丽男, 罗晓媛. 应用型人才培养模式下的大学数学系列课程教学改革研究与实践 [J]. 黑河学院学报, 2015 (06): 72-74.
[27] 郭乃照. 大学英语教学中任务型教学模式的实证研究 [J]. 中国高教研究, 2011 (05): 89-91.
[28] 国宁. 大学英语教学改革时期的教师角色——评《英语教学改革及教师发展研究与探索》[J]. 教育理论与实践, 2017 (05): 2.
[29] 韩松. "互联网" 时代背景下高校大学英语移动学习研究 [J]. 校园英语, 2019 (15): 20.
[30] 韩晓蕙. 高校学生跨文化交际能力培养的现状与思考——以高校英语教师为考察维度 [J]. 外语学刊, 2014 (03): 106-110.
[31] 郝成森. 大学英语教育性质与教育目标的十年审视 [J]. 长春师范学院学报, 2012 (01): 152-155.
[32] 浩悦. 浅谈应用语言学的研究现状以及对学科建设的几点思考 [J]. 教育现代化, 2018 (35): 122-123.
[33] 何平. 浅谈独立学院大学英语教学改革——大学英语应用型人才培养模式初探 [J]. 科教文汇 (中旬刊), 2010 (09): 112-113.
[34] 胡文仲. 外语教育改革二三事 [J]. 外语界, 2018 (04): 2-7.
[35] 胡贞. 应用型本科院校创新人才培养模式下的公共英语教学改革实践探究 [J]. 上海第二工业大学学报, 2017 (02): 141-145.
[36] 黄林艳. 应用型人才培养模式下独立学院大学英语教学改革——以桂林理工大学博文管理学院为例 [J]. 英语广场, 2016 (01): 122-123.
[37] 黄媛媛. 专业院校以学科为依托的英语教学模式应用及问题分析 [J]. 湖北经济学院学报 (人文社会科学版), 2011 (07): 190-192.
[38] 霍丽蓉. 高校英语教学中的口语能力培养策略 [J]. 英语广场 (学术研究), 2014 (11): 80-82.
[39] 霍晓静. 浅谈 "慕课" 背景下高校英语教学模式的创新 [J]. 宿州教育学院学报, 2017 (03): 106-107.
[40] 贾振东, 单轫. 自建小型语料库与英语四六级写作教学实践探究 [J]. 辽宁广播电视大学学报, 2017 (04): 12-13.

[41] 姜男. “互联网+”时代大学英语网络课程的应用［J］. 文化创新比较研究，2018（09）：85+87.
[42] 蒋文玲. 多媒体在高职英语教学中的应用及其思考［J］. 信息记录材料，2017（02）：193-194.
[43] 焦培慧，郭常红. 四六级网考反拨效应下大学英语视听说教学模式研究［J］. 外国语文，2011（06）：155-157.
[44] 金莉. 关于应用语言学方面的数据解读——评《应用语言学中的质性研究与分析》［J］. 中国高校科技，2018（10）：113.
[45] 静婧，初玉玲，吕立君，等. 基于应用型人才培养模式下的《大学物理》教学改革与实践［J］. 赤峰学院学报（自然科学版），2016（21）：220-221.
[46] 康林. ESP 理论指导下的警务英语课程设计［J］. 科技信息，2010（32）：580-581.
[47] 孔冉冉，陈战. 基于微课的大学英语“翻转课堂”教学模式［J］. 吉林省教育学院学报，2017（05）：69-71.
[48] 冷菁. 基于语料库的大学英语翻译教学模式探究［J］. 考试周刊，2018（61）：109.
[49] 李进. ESP 在高职高专大学英语教学中的重要性［J］. 湖北函授大学学报，2012（12）：140-141.
[50] 李丽英. 学分制下的大学英语课程教学改革研究［J］. 英语教师，2016（23）：12-14.
[51] 李娜，胡伟华，刘丽. 基于“需求分析”理论的高校 ESP 教学实证研究［J］. 西安工程大学学报，2011（02）：273-276.
[52] 李勤. 试论需求分析理论框架下的大学英语 ESP 教学［J］. 云南财经大学学报（社会科学版），2011（04）：146-147.
[53] 李清艳. 四级考试改革对大学英语教学的启示［J］. 南昌教育学院学报，2011（05）：167-168.
[54] 李荣祥. 提高学生英语阅读能力初探［J］. 贵州广播电视大学学报，2014（03）：27-29.
[55] 李霞，陈熙，张萍. 基于 ESP 理论下高职商务英语“行动导向”教学模式初探［J］. 漯河职业技术学院学报，2015（01）：40-41.
[56] 李霄翔，黄嫣，季月. 中国英语学习者英语虚拟语气加工的 ERP 研究——以 it 引导的主语从句为例［J］. 外语教学与研究，2018（04）：556-568+640.
[57] 李亚妮，张燕，李少华. 运用 ESP 理论，推进高职英语教学［J］. 海外英语，2016（24）：41-42.
[58] 李彦菊. 谈英语教学中口语能力的训练［J］. 情感读本，2018（08）：91.
[59] 李莹. 移动学习环境下大学英语翻转课堂的教学模式探究［J］. 湖北函授大学学报，2017（07）：137-138+143.
[60] 李芸. 亚洲应用语言学研究——路径、模式、预测［J］. 保山学院学报，2018（03）：89-94.
[61] 梁燕燕. 网络环境下大学英语教学模式的构建与应用——评《网络环境与大学英语课程的整合化教学模式概论》［J］. 中国教育学刊，2017（09）：111.
[62] 凌晓靖. 基于 ESP 理论的警务英语教师专业发展［J］. 中国科技信息，2013（03）：157

+160.
[63] 刘丹丹. 中国非英语专业教师计算机辅助英语教学自我效能感探究 [J]. 江苏外语教学研究, 2012 (01): 4-7.
[64] 刘敬伟, 石智. 校本语料库的开发与在写作教学中的应用研究——以华北理工大学轻工学院为例 [J]. 湖北函授大学学报, 2016 (15): 121-122.
[65] 刘喜琴. 语料库辅助 EFL 自主学习的多维探索 [M]. 华南理工大学出版社, 2013.
[66] 龙桃先. 基于语料库和批改网的高职高专英语写作教学模式构建及有效性研究 [J]. 广西教育, 2017 (27): 140-142.
[67] 卢军, 王增光. 高职英语视听说教学的改革与实践 [J]. 劳动保障世界, 2017 (20): 63.
[68] 路艳霞. 基于开放型英语人才培养模式英语专业教师和学生的成长研究 [J]. 考试与评价 (大学英语教研版), 2012 (01): 46-48.
[69] 罗红霞. 语言测试的正面反驳效应对大学英语教学的启示——基于全国大学生英语竞赛的实证研究 [J]. 兰州文理学院学报 (社会科学版), 2018 (05): 89-92.
[70] 吕骏, 卢达威. 汉语母语者对英语量化词语义辖域的习得研究 [J]. 外语教学与研究, 2018 (04): 542-555.
[71] 马克学. 基于构建主义学习理论的高校英语教改 [J]. 环球市场信息导报, 2017 (26): 93.
[72] 聂梅娟, 李娟. 高校英语专业教师的中介作用研究与实践 [J]. 考试周刊, 2009 (34): 100-102.
[73] 欧敏鸿. 基于网络语料库的大学英语写作教学 [J]. 新西部 (下旬. 理论版), 2011 (13): 140.
[74] 欧敏鸿. 中国-东盟框架下英语专业教师的个人发展 [J]. 高教论坛, 2012 (11): 93-95+92.
[75] 潘小燕. 试论大学英语教学中翻转课堂的应用价值 [J]. 疯狂英语 (理论版), 2017 (02): 115-116.
[76] 庞科, 刘正喜, 陈英. CET-4 网考对大学英语教与学的反拨作用研究 [J]. 武汉工程职业技术学院学报, 2012 (01): 60-63.
[77] 沈菊芳, 邱俏宏. 四级网考对大学英语教学影响研究 [J]. 浙江海洋学院学报 (人文科学版), 2011 (06): 60-65.
[78] 史光孝, 赵德杰. 以内容为依托的大学英语教学走向: 通识教育抑或学术英语教育 [J]. 山东外语教学, 2011 (02): 104-108.
[79] 宋蕾. 浅议大学英语教学改革的目标与方向 [J]. 海外英语, 2016 (24): 89-90.
[80] 苏仰娜, 苏妍屏, 付道明. 移动学习环境下"教育技术专业英语"翻转课堂教学模式的构建 [J]. 教师教育论坛, 2017 (09): 75-81.
[81] 苏颖. 大学英语视听说教学中学生思辨能力的培养 [J]. 教育教学论坛, 2017 (04): 54-55.
[82] 孙舒和. 基于构建主义视域的高校英语翻转课堂教学分析 [J]. 文化创新比较研究, 2017 (29): 65+69.

[83] 孙小焕，闫子真. 基于语料库的大学英语写作教学模式研究［J］. 校园英语，2017（38）：19.

[84] 孙欣，胡博. 英语教师转向 ESP 教师专业素质提升的探讨［J］. 科技信息，2011（17）：635+589.

[85] 孙有中，李莉文. CBI 和 ESP 与中国高校英语专业和大学英语教学改革的方向［J］. 外语研究，2011（05）：1-4.

[86] 孙云. 基于英汉文化差异的高职院校英语教学策略研究［J］. 延边教育学院学报，2017（06）：62-64.

[87] 谭明霞. 基于建构主义的英语口语教学研究［J］. 无锡商业职业技术学院学报，2012（04）：87-89.

[88] 汤定军，周福娟. 专门用途英语课程教学与教材建设［J］. 苏州大学学报（哲学社会科学版），2010（01）：91-93.

[89] 唐香红. 基于构建主义的高职英语慕课教学改革［J］. 学园，2017（36）：37-38.

[90] 童丽. 微课在高职英语教学中的应用［J］. 产业与科技论坛，2017（06）：176-177.

[91] 汪楠. 口语教学：高职院校英语教学的出路［J］. 才智，2017（23）：155+157.

[92] 王彬. 高校英语口语现状及解决措施［J］. 民营科技，2016（11）：255.

[93] 王佳煦. 基于构建主义视域的高校英语翻转课堂教学分析［J］. 中国新通信，2017（12）：144.

[94] 王静，卫岭. 微课与当代大学英语的有效教学［J］. 吉林省教育学院学报，2017（04）：67-69.

[95] 王丽娟. ESP 对大学英语教学的启示［J］. 价值工程，2011（31）：131.

[96] 王瑞. 基于有效教学理论的英语 ESP 教学研究［J］. 现代妇女（下旬），2014（08）：179.

[97] 王小玉. 英语口语教学存在的问题及几点对策［J］. 新课程（教育学术），2011（04）：78-79.

[98] 王晓杰. 国内外专门用途英语（ESP）教学模式的研究综述［J］. 科技信息，2011（32）：17.

[99] 王雅琴. “互联网+”时代下智能手机在高职英语混合式教学中的应用研究［J］. 教育现代化，2018（50）：337-338.

[100] 王艳. 对我国 ESP 教材编写原则的探讨［J］. 中国外语，2011（02）：75-81.

[101] 魏圆. 我国应用语言学研究国际化面临的困境与对策分析［J］. 经贸实践，2016（23）：203-204.

[102] 文秋芳. 国家语言能力的内涵及其评价指标［J］. 云南师范大学学报（哲学社会科学版），2016（02）：23-31.

[103] 吴北萍. 基于翻转课堂理论探讨高校英语茶文化教学路径［J］. 福建茶叶，2017（05）：168-169.

[104] 吴啸骅. 基于职场化的高职英语教学改革研究——以民航服务英语教学为例［J］. 中小企业管理与科技（上旬刊），2017（02）：150-151.

[105] 徐昉. 非英语国家学者国际发表问题研究述评［J］. 外语界，2014（01）：27-33.

[106] 徐君. 地方本科高校应用型人才培养模式下的大学英语教学改革探索 [J]. 英语广场, 2015 (10): 64-66.
[107] 徐君. 应用型人才培养模式下大学英语“四无四有”教学模式探索——以黄淮学院大英教改为例 [J]. 海外英语, 2015 (15): 31-32+35.
[108] 许陶萍, 钱璟, 刘小斌. 高职英语课堂与第二课堂高效衔接路径的探索——以铜陵职业技术学院英语教学改革为契机 [J]. 铜陵职业技术学院学报, 2016 (04): 73-74+88.
[109] 薛超. 基于构建主义视域的高校英语翻转课堂教学分析 [J]. 文教资料, 2016 (24): 186-187.
[110] 杨继美. 探析大学英语教学中对学生口语能力的培养 [J]. 吉林省教育学院学报 (中旬), 2015 (02): 60-61.
[111] 杨林娜. 浅析影响大学英语视听说教学的几个因素 [J]. 大众文艺, 2010 (04): 193-194.
[112] 杨玉娟. 多媒体网络与英语视听说教学 [J]. 济南职业学院学报, 2012 (04): 60-63.
[113] 叶琴. 基于应用型人才培养模式的大学英语教学改革探析——以黄淮学院为例 [J]. 吕梁教育学院学报, 2015 (03): 63-65.
[114] 殷和素, 严启刚. 浅谈大学英语通识教育和专门用途英语教学的关系——兼论新一轮大学英语教学改革发展方向 [J]. 外语电化教学, 2011 (01): 9-14.
[115] 永春光. 地方高校英语专业教师课堂话语标记使用现状 [J]. 赤子 (上中旬), 2017 (07): 123.
[116] 于翠, 郑红. 民办高校应用型人才培养模式下的大学英语教学转型与教师转型研究 [J]. 黑龙江科学, 2018 (21): 110-111.
[117] 于风军. 分科英语教学与中国高校大学英语教学发展趋势探讨 [J]. 新疆财经大学学报, 2013 (03): 66-70.
[118] 于红英. 大学英语视听说教学模式的构建原则 [J]. 当代教育科学, 2010 (05): 63-64.
[119] 于欣宏. 基于互联网分析英语阅读混合式教学模式的应用方法 [J]. 山东商业职业技术学院学报, 2018 (02): 48-50.
[120] 俞艳珍. 任务型教学法在大学英语视听说教学中的应用 [J]. 教育文化论坛, 2015 (06): 98-101.
[121] 郁邓. “互联网+”时代商务英语人才的培养策略 [J]. 当代教育实践与教学研究, 2019 (11): 41-42.
[122] 袁群芳. 基于语料库的译本对比研究综述 [J]. 才智, 2017 (31): 194-195.
[123] 袁媛. 基于应用型人才培养的英语教学改革——CBI 模式下的创新性英语教学 [J]. 中小企业管理与科技 (中旬刊), 2015 (01): 228-229.
[124] 张传会. 应用型人才培养模式下的大学英语教学改革内外关联因素探析 [J]. 黑龙江科学, 2016 (13): 74-75.
[125] 张东妮. 基于构建主义理论的高校英语教学 [J]. 吉林省教育学院学报 (中旬), 2015 (11): 64-65.

[126] 张广勇，王俊菊. 中国外语教学研究者国际期刊发表回顾与展望 [J]. 广东外语外贸大学学报，2015 (03)：54-58.

[127] 张弘，刘俊. 基于语料库的变动型模糊限制语研究 [J]. 文化创新比较研究，2018 (36)：84-85+87.

[128] 张会霞. 基于构建主义视域的高校英语翻转课堂教学分析 [J]. 英语广场，2017 (09)：112-113.

[129] 张科. 应用型人才培养体系下《大学英语》课程教学改革——以黄淮学院动画学院2013级合作办学本科生为例 [J]. 产业与科技论坛，2015 (02)：186-187.

[130] 张莉. 应用语言学的界定 [J]. 北方文学，2017 (30)：234.

[131] 张萌，李艳. "互联网+"模式下的大学英语第二课堂中的移动学习研究 [J]. 校园英语，2018 (04)：19.

[132] 张鹏杨，唐宜红. FDI如何提高我国出口企业国内附加值？——基于全球价值链升级的视角 [J]. 数量经济技术经济研究，2018 (07)：79-96.

[133] 张晓菲. "互联网+"时代高校英语课堂教学的探讨 [J]. 戏剧之家，2018 (20)：192.

[134] 张艳. 国内ESP研究三十年综述 (1980-2009) [J]. 华南理工大学学报 (社会科学版)，2011 (01)：92-95.

[135] 张燕，张婷. 当前大学生应具有批判性思维能力——评《大学生批判性思维能力培养实践探索—— 一项基于商务英语教学的行动研究》[J]. 中国教育学刊，2019 (03)：114.

[136] 张园，张秀丽. 浅析专门用途英语 (ESP) 应用于高职公共英语教学中的重要性 [J]. 科教导刊 (中旬刊)，2012 (02)：204-205.

[137] 赵超. 高校英语教学中口语能力提高策略 [J]. 科教导刊 (中旬刊)，2015 (05)：83-84.

[138] 赵盛. 慕课背景下的高职英语教学改革探究 [J]. 佳木斯职业学院学报，2016 (11)：38.

[139] 赵羽. 试论应用语言学研究国际化面临的困境与对策 [J]. 佳木斯职业学院学报，2019 (07)：173+176.

[140] 钟宇宏. 高职院校英语视听说教学改革探究 [J]. 职教论坛，2016 (23)：63-66.

[141] 周霓忻. 基于微信平台的高职英语翻转课堂教学模式研究 [J]. 江苏经贸职业技术学院学报，2018 (02)：81-83.

[142] 邹琳琳. 英语视听说教学研究 [J]. 青春岁月，2011 (20)：224-225.